Reflexio

Amy Ekeh y Thomas D. Stegman, SJ

Traducido por
Luis Baudry-Simón

LITURGICAL PRESS

Collegeville, Minnesota

www.litpress.org

Nihil Obstat: Reverend Robert Harren, J.C.L., *Censor deputatus*
Imprimátur: ✠ Most Reverend Donald J. Kettler, J.C.L., D.D., Bishop
of Saint Cloud, July 27, 2021

Diseño de portada por Monica Bokinskie. Arte de portada cortesía
de Getty Images.

ISSN: 2692-6423 (edición impresa); 2692-6458 (e-book)

ISBN: 978-0-8146-6676-0   978-0-8146-6677-7 (e-book)

Introducción

La Cuaresma consiste en algo muy sencillo: volver a Jesucristo, y a éste crucificado (1 Cor 2, 2). La Cuaresma es nuestro tiempo para caminar con Cristo, para mirar hacia Jerusalén y acompañarlo hasta la cruz (Lucas 9, 51). La Cuaresma es nuestro tiempo para estar con el Señor crucificado y esperar en silencio con él el brillo de la resurrección.

Sin embargo, la Cuaresma es más que un paseo solitario con Jesús. No recorremos solos este camino hacia la cruz. Caminamos como Iglesia. Caminamos como pueblo de Dios, como Cuerpo de Cristo (1 Cor 12, 27). Sí, todo lo que hacemos al recorrer este camino es con y para los demás. Esto es lo que significa seguir a Cristo, ser testigo de su muerte, conformarse a él y a su camino de amor que encarna la cruz. Significa reconocer que nos pertenecemos los unos a otros, que también debemos dar la vida por los demás. Lo aprendemos al pie de la cruz y lo llevamos con nosotros a la luz brillante de la Pascua.

Como Iglesia peregrina, miramos a la Liturgia diaria de la Palabra como un rico recurso para nutrirnos en nuestro viaje cuaresmal. El libro que tienes en tus manos contiene reflexiones, meditaciones y oraciones inspiradas en estas lecturas diarias de la Escritura. Cuando leas y reces con este libro cada día, te encontrarás con dos voces distintas —una de un sacerdote jesuita, la otra de una madre casada con cuatro hijos— voces de dos amigos y colegas cuyos diferentes caminos de vida se cruzan en un amor mutuo por la palabra de Dios y un deseo compartido de explorar esa palabra con los demás.

Cada día, verás que uno de nosotros ha escrito una reflexión, y el otro ha respondido con una meditación y una oración. Esperamos que esta conversación continua, esta mezcla diaria de voces y perspectivas, haya enriquecido nuestra presentación y te atraiga al viaje con nosotros. Hemos sido bendecidos escribiendo juntos para ti, aprendiendo uno del otro y rezando uno por otro a lo largo del camino.

La Cuaresma ha llegado. ¿Qué vamos a hacer con este tiempo santo? ¿Será como otras Cuaresmas, o será diferente? ¿Cómo enfocaremos nuestras mentes y corazones para aprovechar al máximo este tiempo sagrado?

Ha llegado la Cuaresma. Emprendamos juntos este viaje.

Amy Ekeh
Thomas D. Stegman, SJ

REFLEXIONES

Practicar la fe

Lecturas: Jl 2, 12-18; 2 Cor 5, 20–6, 2; Mt 6, 1-6. 16-18

Escritura:
Ahora es el tiempo favorable; ahora es el día de la salvación
(2 Cor 6, 2)

Reflexión: Mi primer recuerdo de recibir las cenizas de nuestro párroco, cuando era un niño en la escuela, sigue siendo vívido. Su pulgar presionó generosamente sobre mi frente; varias partículas cayeron como polvo ante mis ojos. Lo que más recuerdo son las palabras que rezó, tan inquietantes para mis jóvenes oídos: "Recuerda que eres polvo y al polvo volverás". Esas palabras ciertamente llamaron mi atención. ¿Volver al polvo?

También algunas líneas de nuestras lecturas nos llaman la atención. Las exhortaciones de Joel resuenan con un sentido de urgencia: "Toquen la trompeta en Sion, promulguen un ayuno, / convoquen la asamblea". Pablo insta a los corintios a reconocer la importancia del momento: "*ahora* es el día de la salvación".

Es apropiado que el Miércoles de Ceniza atraiga nuestra atención de forma tan dramática. Hoy nos embarcamos en nuestro viaje anual de Cuaresma en preparación para celebrar los acontecimientos sagrados de nuestra salvación: la ofrenda de Jesús de sí mismo en el amor, su resurrección y la efusión del Espíritu.

La lectura del Evangelio de hoy expone las prácticas tradicionales de la Cuaresma: la oración, el ayuno y la limosna. Estas prácticas tienen eficacia probada, aunque debemos tener en cuenta sus verdaderos propósitos. *Oración:* reservemos más tiempo en silencio para escuchar la palabra de Dios, para prestar atención a la presencia del Espíritu y a sus impulsos. *Ayuno:* reflexionemos honestamente sobre las diversas formas en que intentamos satisfacernos, y abramos espacios en nuestro interior para que Dios pueda llenarnos con lo que verdaderamente nos satisface. *Limosna:* demos gracias por las muchas maneras en que Dios ha sido generoso con nosotros e imitemos esa generosidad hacia los necesitados.

Ahora es el momento de practicar nuestra fe de nuevo. Tendremos mucho que celebrar al final del viaje.

—*TS*

Meditación: Hoy es un día de penitencia y de alegría. Nos detenemos para reconocer nuestra condición pecadora y nuestra necesidad de arrepentimiento. Al mismo tiempo, estamos muy orgullosos de ser marcados con la cruz. Esta marca no es vergonzosa; es nuestra identidad. Nosotros pertenecemos a Cristo, y él a nosotros. ¿Cómo proclamaremos esa identidad en esta Cuaresma, cuando las cenizas hayan caído?

Oración: Señor Jesucristo, acompáñanos en cada paso que demos en este camino de Cuaresma.

—*AE*

3 de marzo: Jueves después del Miércoles de Ceniza

Nosotros elegimos

Lecturas: Dt 30, 15-20; Lc 9, 22-25

Escritura:
[Moisés dijo al pueblo:]
"Hoy pongo delante de ti
la vida y el bien o la muerte y el mal" (Dt 30, 15)

Reflexión: El hijo pequeño de mi amiga Paula es prematuramente sabio. Tiene una forma de mirarla a los ojos, de ponerle una mano tranquila en el hombro y de decirle con toda naturalidad palabras fantásticas para vivir. Uno de los proverbios de Nick que repetimos en nuestra casa es: "*Siempre tienes una opción*". Me recuerda algo que me dijo una vez un viejo profesor cisterciense: "El universo entero podría estallar en tu cara y seguirías diciendo que no".

El poder del libre albedrío humano es asombroso. *Siempre* tenemos una opción. La lectura de hoy del antiguo libro del Deuteronomio nos lo recuerda. Moisés le dice a Israel, fiel y vacilante, que tienen ante sí una opción clara: la vida o la muerte, la bendición o la maldición. Para Moisés elegir es algo sencillo y directo: elegir la vida es amar a Dios, escuchar a Dios, "adherirse" a Dios (Dt 30,20). Este es el camino de la bendición.

Por supuesto, sabemos que en nuestro día a día estas opciones no siempre están tan claras. ¿Cómo amamos? ¿Cómo escuchamos? ¿Cómo nos mantenemos firmes? ¿Cómo podemos, tal y como instruye Moisés, elegir la vida?

Puede que las respuestas a estas preguntas no estén claras en todas las circunstancias de nuestra vida, pero hay belleza y mérito en plantearlas. Y es muy valioso recordar nuestro propio poder, nuestro poder de elegir. A Dios nunca le interesaron los autómatas ni un pueblo coaccionado para amarlo. Dios sólo quiere nuestro amor si lo damos libremente.

Siempre tenemos una opción.

—*AE*

Meditación: La libertad de elegir puede, a veces, llevar a la parálisis, especialmente cuando hay tantas opciones. También puede ser una carga, ya que algunas decisiones tienen consecuencias importantes. Pero imagínate si no tuviéramos libertad de elección. Esa libertad es un don de Dios que, en su amor por nosotros, nos invita a responder, en las grandes y pequeñas decisiones, con amor.

Oración: Gracias, Señor, por el don de nuestra dignidad para elegir. Ayúdame, al comenzar este viaje cuaresmal, a ser consciente de todas las elecciones que hago. Inspírame para elegir el camino de la vida, por mi propio bien y por el bien de todos los que encuentro.

—*TS*

Ayuno adecuado

Lecturas: Is 58, 1-9a; Mt 9, 14-15

Escritura:
El ayuno que yo quiero de ti es este . . . / que compartas tu pan con el hambriento (Is 58, 6-7)

Reflexión: Cuando era más joven, la primera tarea relativa a la Cuaresma era determinar: "¿A qué voy a renunciar este año para la Cuaresma?". Ya sea chocolate, gaseosa o postres, parecía un gran sacrificio. Para muchos hoy en día, ese "sacrificio" puede perder el sentido: deberíamos centrarnos en hacer algo *por* los demás en lugar de renunciar a algo.

Sin embargo, renunciar a algo es una forma de ayuno, una de las prácticas de la Cuaresma (recuerda la lectura del Evangelio del Miércoles de Ceniza). Pero ¿qué tipo de ayuno es el adecuado? No me enorgullece admitir que algunos años, durante la Cuaresma, me he abstenido de ciertos alimentos y bebidas, motivado en gran medida por mi deseo de perder algunos kilos. Pero eso me hacía a *mí* el objeto de ese ayuno. Y eso no es lo que Dios desea.

El profeta Isaías propone formas y motivos adecuados para el ayuno. Renunciar a una comida abundante y utilizar el dinero ahorrado para alimentar a otros es un ayuno saludable. Abstenerse de pronunciar palabras hirientes es otra. Lo mismo ocurre con el ayuno de comer o usar productos que son el resultado de condiciones laborales injustas y opresivas.

Como sugerí el miércoles, también podríamos considerar la posibilidad de ayunar de algunas de las formas en que tratamos de satisfacernos, o de aquellas cosas que nos distraen de centrarnos en lo esencial de la vida. Recuerdo que un maestro de retiros me sugirió que ayunara de tanto tiempo con la página de deportes. ¡Eso me llegó de cerca! Pero era un buen consejo.

Así que no nos apresuremos a desechar el ayuno como algo anticuado. Hay formas de ayunar que son aceptables para el Señor.

—TS

Meditación: Reflexiona sobre los posibles beneficios de un ayuno "a la antigua". ¿El ayuno de alguna comida, bebida o entretenimiento en particular te distrae del verdadero propósito de la Cuaresma, o te ayuda a vaciarte para que puedas llenarte de algo más grande? ¿Hay espacio —o beneficio— en tu práctica cuaresmal para un sacrificio concreto? Diferentes circunstancias requerirán diferentes respuestas. Considera las tuyas en la oración.

Oración: Señor Dios, has declarado que el verdadero ayuno consiste en alimentar un corazón amoroso y atender a los necesitados. Que todos mis ayunos sean verdaderos ayunos.

—AE

Un asiento en la mesa

Lecturas: Is 58, 9b-14; Lc 5, 27-32

Escritura:
Los fariseos y los escribas criticaban por eso a los discípulos, diciéndoles: "¿Por qué comen y beben con publicanos y pecadores?" (Lc 5, 30)

Reflexión: ¡Es tan fácil que a uno no le gusten los fariseos! En el Evangelio de hoy aparecen como suelen normalmente: superiores, contradictores y groseros. Y lo peor de todo es que no parecen entender a Jesús ni a su ministerio. Parece que no entienden la compasión.

Por supuesto, en los relatos evangélicos, los fariseos tienen un poco el papel de antagonistas. Aunque algunos de los líderes religiosos de la época de Jesús eran ciertamente corruptos y deseaban el mal de Jesús, muchos de ellos eran simplemente judíos devotos de buena conciencia y celosos de la ley.

Pero Jesús decía y hacía algo nuevo. Esto sorprendió a los fariseos y les incomodó. No se ajustaba a sus interpretaciones de la ley, que insistían en que había que evitar a los pecadores, que vivían fuera de la ley.

Nuestra primera inclinación cuando leemos estos encuentros entre Jesús y los fariseos es sacudir la cabeza ante los fariseos y unirnos a Jesús en la mesa. ¿Recolectores de impuestos y pecadores? ¡No hay problema! ¡Estamos del lado de Jesús!

Pero imagina por un momento de quién es la mesa que más quieres evitar. ¿A quién te opones? ¿Quién te disgusta? ¿Quién te hace hervir la sangre? Esa es la mesa a la que Jesús está sentado hoy. Es con quien come y bebe, con quien se divierte, con quien entra en relación, con quien confirma su amor.

Es fácil imaginarnos en una antigua mesa con Jesús, con un vago sentido de los extraños conocidos en aquella época como pecadores. Pero ahora vivimos esta realidad evangélica. El llamamiento de hoy es a sentarnos con él en nuestras propias mesas —políticas, profesionales, personales— y a comer y beber en armonía con *todos* nuestros hermanos y hermanas.

—*AE*

Meditación: La llamada de Jesús al arrepentimiento es para todos nosotros, porque cada uno de nosotros ha pecado. Pero, como san Ignacio de Loyola llegó a comprender profundamente, somos pecadores, *pero amados por Dios*. Cuando permitimos que el amor y el perdón de Dios penetren en nosotros, nos volvemos más compasivos en nuestra forma de ver a los demás, y nuestro círculo de "compañeros" (cuyo significado deriva de "compartir el pan") se amplía.

Oración: Señor, aunque haya pecado contra ti, ayúdame a conocer tu amor misericordioso y tu perdón, para que pueda mirar a los demás con misericordia.

—*TS*

El hijo fiel de Dios

Lecturas: Dt 26, 4-10; Rom 10, 8-13; Lc 4, 1-13

Escritura:
"Si eres el Hijo de Dios . . . " (Lucas 4, 3. 9)

Reflexión: La lectura del Evangelio del primer domingo de Cuaresma es el relato de la tentación de Jesús por parte de Satanás. Este año escuchamos la versión de Lucas. Jesús está en el desierto, habiendo ayunado durante cuarenta días. En el momento de su vulnerabilidad, Satanás entra en escena y le tienta a traicionar su identidad y su misión.

Fíjate en cómo Satanás comienza su primera y tercera pruebas: "*Si* eres el Hijo de Dios . . . ". Ahora bien, Lucas ha dejado muy claro, a partir de la escena de la anunciación, que Jesús *es* el Hijo de Dios. Por tanto, la cuestión no es quién es Jesús. La cuestión es más bien *qué clase de Hijo* será Jesús

A medida que avanza la historia, aprendemos que Jesús es el Hijo amado de Dios, que es completamente fiel a la ejecución de la voluntad de su Padre. Jesús no sucumbe a la búsqueda de la vida en sus propios términos ("dile a esta piedra que se convierta en pan"); él reconoce y confía en que la verdadera vida viene de Dios. Jesús no busca el poder y el prestigio ("A mí me ha sido entregado todo el poder y la gloria de estos reinos, y yo los doy a quien quiero"); vino a servir, no a ser servido. Y Jesús no va por ahí glorificándose a sí mismo; proclama el reino de Dios y glorifica a su Padre celestial.

Somos hijos e hijas de Dios por adopción. La Cuaresma nos ofrece la oportunidad de crecer en la fidelidad de convertirnos en el hijo de Dios que cada uno de nosotros está llamado a ser dentro de sus propias vocaciones particulares. Para ello, necesito resistir las muchas voces e inclinaciones que me apartan de ser la persona que Dios me llama a ser. Y, como el salmista, hay que confiar en Dios: "Tú eres mi Dios y en ti confío".

—TS

Meditación: Nuestro mundo, tan ajetreado y exigente, nos somete a una cacofonía de voces fuertes y contradictorias. Muchas de estas voces nos desgastan a nosotros y a nuestra fidelidad al Dios que amamos. Amenazan la identidad central que tan orgullosamente proclamamos con una mancha de ceniza al comienzo de nuestro viaje cuaresmal. En esta Cuaresma, ¿cuál de estas voces puedes silenciar? ¿Cuál puedes rechazar?

Oración: Señor Jesús, Hijo fiel, protégeme de las voces que me apartan de ser la persona que Dios me ha llamado a ser.

—AE

Santo como Dios

Lecturas: Lv 19, 1-2. 11-18; Mt 25, 31-46

Escritura:
Dijo el Señor a Moisés: "Habla a la asamblea de los hijos de Israel y diles: 'Sean santos, porque yo, el Señor, soy santo'" (Lv 19, 1-2)

Reflexión: ¿Qué significa ser santo como Dios? Las palabras de Dios a Israel pueden recordarnos la enseñanza de Jesús: "Sean, pues, perfectos como su Padre celestial es perfecto" (Mt 5, 48).

Estas normas divinas pueden parecernos un poco idealistas. Pero esta norma se nos da en un contexto particular: una relación amorosa con lo Sagrado. Dios no espera a ver si estamos a la altura. Más bien, Dios nos invita a entrar en relaciones.

Sí, Dios es santo porque Dios es otro, diferente, trascendente, por encima de todas las cosas. Pero Dios también es santo porque Dios está con nosotros, presente, involucrado, "mezclado", totalmente entrelazado con los seres humanos y los desórdenes que hacemos y la belleza que emanamos. La santidad es la alteridad y la igualdad. Es ser diferente y estar con.

En la lectura del Evangelio de hoy, Jesús nos dice que algún día seremos juzgados. Pero no seremos juzgados por un estándar de perfección que se parezca a una regla o a una balanza. Más bien, seremos juzgados por lo presentes que estábamos a los demás, cuán dentro de la mezcla estábamos dispuestos a estar, cuán totalmente entrelazados estábamos con aquellos que más nos necesitaban.

En palabras de San Juan de la Cruz, "En la noche de la vida, me examinarán del amor". La *santidad* y la *perfección* pueden ser sustituidas por esa única palabra: *amor*. El amor es una paradoja sagrada: nos aparta de los caminos del mundo, aunque nos acerca a todo lo que Dios ha hecho.

—AE

Meditación: La exhortación de Moisés a los israelitas toca el tema de la vocación. Israel fue llamado a mostrar la santidad de Dios —a manifestar los caminos de amor de Dios— a las naciones. Del mismo modo, la Iglesia está llamada a ser el sacramento del amor de Cristo en y para el mundo. Vivimos esa vocación, como individuos y corporativamente, cuando prestamos ayuda amorosa a los hambrientos, sedientos, forasteros, enfermos y encarcelados.

Oración: Señor Jesús, Emmanuel (*Dios-con-nosotros*), abre mis ojos y mi corazón para reconocer tu presencia en los marginados, para darme cuenta de que son tus hermanos y hermanas. Ayúdame a encarnar tu amor por ellos.

—TS

La palabra performativa de Dios

Lecturas: Is 55, 10-11; Mt 6, 7-15

Escritura:
La palabra que sale de mi boca . . . / hará mi voluntad y cumplirá su misión (Is 55, 11)

Reflexión: La primera lectura de hoy proclama el poder y la eficacia de la palabra de Dios. La palabra de Dios no vuelve a Dios sin lograr su propósito. Los teólogos llaman a esta cualidad de la palabra divina "performativa". Un buen ejemplo es el primer relato de la creación en Génesis 1, donde Dios habla, y lo que se habla llega a existir.

Jesús es el Verbo hecho carne, la expresión misma de Dios, que habla y actúa como sólo Dios puede hacerlo (porque es Dios). Lo que Jesús dice en el Evangelio de hoy, la oración que llamamos el Padre Nuestro, es un don muy precioso. Si permitimos que las palabras de esta oración arraiguen en nuestros corazones, nos transformaremos y la palabra performativa de Dios actuará a través de nosotros.

El comienzo de la oración, "Padre nuestro", nos enseña que podemos considerar a Dios como un padre amoroso que siempre desea lo que es bueno para nosotros. El "nuestro" nos recuerda que pertenecemos a una familia de fe. Rezar por la llegada del reino de Dios y la realización de la voluntad de Dios exige un compromiso por nuestra parte de hacer la voluntad de Dios. ¿Cómo puedo rezar para que se haga la voluntad de Dios si no estoy dispuesto a obedecer los caminos de Dios? Al convertirnos en hijos obedientes, damos gloria a Dios y damos testimonio de su santidad.

Nuestras peticiones del pan de cada día y del perdón manifiestan dos verdades básicas: dependemos completamente de Dios para vivir; y tenemos necesidad de la misericordia de Dios. Con los dones del sustento y del perdón vienen las responsabilidades de ser generosos con los demás y de perdonar a los que nos han hecho daño.

Recordemos este aspecto performativo de la palabra de Dios cada vez que recemos: "Padre nuestro . . .".

—TS

Meditación: Puede resultar difícil imaginar que una oración que rezamos tan a menudo —el Padre Nuestro— pueda transformarnos. ¡Y, sin embargo, estas son las palabras que el mismo Jesús nos enseñó a rezar! Digamos hoy el padrenuestro lenta y reflexivamente, imaginándonos a los pies de Jesús, rezando con su voz. Dejémonos transformar por esta oración de Jesús mientras caminamos hacia la cruz.

Oración: Señor Jesús, tú hablas las palabras del Padre. Habla y provoca un cambio en nosotros. Transfórmanos con tu palabra.

—AE

Sayal y ceniza

Lecturas: Jn 3, 1-10; Lc 11, 29-32

Escritura:
Llegó la noticia al rey de Nínive,
que se levantó del trono, se quitó el manto,
se vistió de sayal, se sentó sobre ceniza (Jn 3, 6)

Reflexión: La imaginería bíblica es tan rica que un solo versículo puede darnos mucho que rezar. La lectura de hoy de Jonás nos ofrece una imagen así: el rey de una gran ciudad se despoja de los atavíos de su cargo —signos de riqueza y poder—, se cubre con un sayal peludo y se sienta en un montón de cenizas. Se arrepiente de sus propios pecados y de los del pueblo.

En el antiguo Cercano Oriente, el sayal, generalmente cosido con pelo de cabra, se utilizaba para almacenar grano o hacer tiendas y alfombras. Como puedes imaginar, la tela era bastante áspera; no es algo que normalmente querrías sentir contra tu piel. Este material oscuro y áspero se cosía a veces en prendas que se llevaban en momentos de profundo luto, de angustia desgarradora o de arrepentimiento desde las entrañas. Llevar una prenda así era declarar: *no todo está bien en mi mundo.*

El arrepentimiento es un momento vulnerable. Requiere una profunda humildad y un profundo manantial de esperanza personal. Debemos estar dispuestos a cambiar, y debemos creer que nos esperan el perdón y una nueva vida.

El rey de Nínive descendió de su trono, dejó a un lado su túnica y la sustituyó por un sayal. Ante todo el pueblo —"grandes y pequeños"— se humilló. Se puso una vestidura oscura e incómoda. Reconoció un profundo dolor. Esperaba un cambio.

En respuesta al arrepentimiento del rey y de su pueblo, Dios "cambió de parecer" acerca de la destrucción que había planeado para la ciudad. *¿Dios cambió de parecer?* No se trata de un dilema filosófico sobre si la mente divina puede cambiar. Más bien es una promesa de que Dios responde a nuestra humildad y es digno de nuestra esperanza.

—*AE*

Meditación: Jesús está presente para nosotros de muchas maneras. ¿Hasta qué punto estoy alerta para volverme *hacia* él y alejarme de las cosas que me alejan de él? ¿Cómo me desafía su camino de santidad a cambiar mi forma de pensar sobre las personas y las cosas?

Oración: Señor Jesús, ayúdame a estar en sintonía con tu presencia, a mantener mis ojos fijos en ti y mis oídos atentos a tu enseñanza. Bendíceme con la humildad de arrepentirme.

—*TS*

El poder de la oración

Lecturas: Es 4, 17n. p-r. aa-bb. gg-hh Mt 7, 7-12

Escritura:
". . . toquen y se les abrirá" (Mt 7, 7)

Reflexión: En una clase de catecismo sobre la oración, le pregunté a la Hna. Elizabeth: "¿Puedo rezar para que gane mi equipo de fútbol americano, los Packers de Green Bay?". Me aseguró que podía rezar a Dios por cualquier cosa. Dada la forma en que los Packers jugaron en ese entonces, podría haber concluido que Dios respondió la mitad de mis oraciones.

Jesús exhorta: "Pidan y se les dará". Parece fácil, ¿no? Sin embargo, sabemos que no lo es. En el centro de la enseñanza de Jesús está el deseo de Dios de darnos lo que necesitamos. La oración expresa nuestra necesidad de Dios y nuestra confianza en que Dios proveerá. Al igual que Ester en la primera lectura de hoy —en el límite de su capacidad y abandonada a su suerte—, la oración nos permite reconocer nuestras necesidades, muchas de las cuales sólo Dios puede satisfacer.

La oración es también una forma de promulgar la identidad sacerdotal que se nos dio en el bautismo. La oración de petición por los demás y sus necesidades, especialmente por nuestros seres queridos, es una práctica significativa. Aunque creemos que Dios puede hacer milagros, sabemos que Dios trabaja en y a través de personas como tú y yo. Cuando rezo por un ser querido necesitado, por ejemplo, permito que Dios me inspire para hacer lo que pueda para ayudar.

La maduración en la oración está marcada por la *escucha*. En Apocalipsis 3, 20, Jesús enseña que él es el que llama . . . a la puerta de nuestros corazones, esperando ser recibido. Una buena manera de rezar es reflexionar sobre un pasaje de la Escritura para escuchar lo que Dios dice. El fruto de la escucha orante es el conocimiento de la voluntad de Dios y el empoderamiento para decir "sí" a ella, como lo hizo Jesús.

Ya no rezo por los Packers. En mis mejores días rezo: "pero no se haga mi voluntad, sino la tuya".

—TS

Meditación: Podemos pensar que la oración de petición es egoísta o incluso innecesaria: ¿no sabe ya Dios lo que necesitamos? Y, sin embargo, Jesús nos anima constantemente a "pedir". La oración de petición no es un enigma filosófico ni un esfuerzo egoísta: es un suave mandato de Cristo, un reconocimiento de nuestra dependencia de Dios y un testimonio del poder de la oración. ¿Qué vas a pedir hoy?

Oración: Dios amoroso, tú conoces los deseos de mi corazón. Los expongo ante ti. Que se haga tu voluntad.

—AE

Severo y espléndido

Lecturas: Ez 18, 21-28; Mt 5, 20-26

Escritura:
¿Conque es injusto mi proceder? ¿No es más bien el proceder de ustedes el injusto? (Ez 18, 25b)

Reflexión: Las lecturas de hoy nos ofrecen duras lecciones al principio de nuestro viaje cuaresmal: *El pecado existe. El juicio existe. Debemos profundizar. Debemos hacerlo mejor.* Oímos estas lecciones y gritamos con el estribillo del salmo de hoy: "Si conservaras el recuerdo de las culpas, ¿quién habría, Señor, que se salvara?" (Sal 129, 3).

En efecto, la predicación de Jesús en el Evangelio de hoy parece casi imposible de cumplir. ¿Estamos expuestos al juicio y al "fuego del lugar de castigo" sólo por llamar a alguien estúpido o tonto? *Oh, Señor, ¿quién puede resistir?* Casi parece que no sea como Jesús: ¡tan duro, tan exigente, tan sentencioso!

Puede que a veces escuchemos a Jesús y nos preguntemos por qué está siendo tan duro con nosotros. Pero también sabemos, en el fondo, que sus palabras nos emocionan. *Queremos* dejar de llamar a la gente "estúpida" y "tonta". Queremos profundizar. Queremos hacerlo mejor.

Como C.S. Lewis lo expresó tan memorablemente, podemos pensar que queremos un "abuelo" indulgente en el cielo, pero lo que tenemos en cambio es el Amor. Y el Amor es "algo más severo y espléndido". Al igual que los profetas que le precedieron, Jesús predicó la verdad, una verdad que podría repugnarnos en su severa superficie, pero que resuena en lo más profundo de nosotros como una buena noticia.

Dios nos ofrece una forma de vida. Es un camino estrecho, pero a lo largo de este camino, mientras nos mordemos la lengua y trabajamos duro y ponemos un pie delante del otro, se nos asegura que nunca estamos solos: "Porque del Señor viene la misericordia y la abundancia de la redención" (Sal 129, 7).

—*AE*

Meditación: Profundizar es lo que nos pide Jesús a lo largo del Sermón de la Montaña. Nos invita y desafía a mirar hacia dentro, a desarraigar aquellas cosas, como la ira viciosa y la lujuria, que llevan al exterior a palabras y acciones pecaminosas. Este arraigo es lo que permite que el Espíritu de Dios que está dentro de nosotros florezca y nos capacite para convertirnos en las personas que Dios nos llama a ser.

Oración: Señor, purifica mi corazón y mi mente de las cosas que me hacen dañar a los demás. Ayúdame a crecer en magnanimidad y tolerancia, y dame el valor y la fuerza para tomar la iniciativa en la reconciliación con los demás.

—*TS*

12 de marzo: Sábado de la primera semana de Cuaresma

Semejanza familiar

Lecturas: Dt 26, 16-19; Mt 5, 43-48

Escritura:
"Sean, pues, perfectos como su Padre celestial es perfecto"
(Mt 5, 48)

Reflexión: El amor, en el sentido de *agapē*, implica reconocer la dignidad de otra persona como creada a imagen de Dios; comprometerse a actuar siempre en el mejor interés del otro; e incluso estar dispuesto a dar la vida por el otro. Un amor así es una tarea difícil.

Sabemos que puede ser difícil amar a los que están más cerca de nosotros: los vecinos, la gente del trabajo, incluso los miembros de la comunidad o de la familia. Sin embargo, en la lectura del Evangelio de hoy, Jesús nos ordena amar . . . a nuestros *enemigos*.

La clave para entender la enseñanza de Jesús aquí es observar la razón que ofrece: "para que sean hijos de su Padre celestial". A continuación, explica que Dios envía el sol y la lluvia tanto a los buenos como a los malos. La circunferencia del amor y la bendición divinos no tiene límites.

La lógica de la exhortación de Jesús a amar a nuestros enemigos es que el amor-*agapē* es el rasgo distintivo de la familia de Dios. Algunas familias tienen un rasgo físico particular, otras una característica disposicional, otras una tendencia vocacional. La familia de Dios, manifestada por el propio Jesús, está marcada por el amor de entrega, un amor cuya red se extiende a lo largo y ancho, incluyendo incluso a nuestros enemigos.

El llamamiento final de Jesús —"Sean, pues, perfectos como su Padre celestial es perfecto"—se entiende mejor de dos maneras. En primer lugar, el verbo interpretado como "ser perfecto" contiene en su interior la noción de *proceso* que conduce a una meta. Yo lo traduciría como "sean perfeccionados", es decir, "crecer hasta ser una persona más amorosa". En segundo lugar, el uso de la voz pasiva en "sean perfeccionados" es una forma bíblica de sugerir que quien hace posible ese amor es Dios, mediante el don del Espíritu.

—TS

Meditación: Identificarnos como miembros de la familia de Dios, compartiendo los "rasgos familiares", nos parece audaz. ¡Y así debe ser! Hemos sido invitados —aceptados, adoptados y envueltos cálidamente— en el abrazo divino. Y ahora debemos actuar como miembros de esta familia, amando a los demás con el amor de Dios, *aceptándolos* y envolviéndolos, ya sean amigos o enemigos. ¿Cómo vivirás hoy este rasgo familiar?

Oración: Dios amoroso, me has abrazado como miembro de tu familia. Perfecciona en mí el rasgo familiar del amor abnegado.

—AE

13 de marzo: Segundo domingo de Cuaresma

Preparando nuestros cuerpos

Lecturas: Gen 15, 5-12. 17-18; Fil 3, 17–4 o 1 Lc 9, 28b-36

Escritura:
Él transformará nuestro cuerpo miserable en un cuerpo glorioso, semejante al suyo (Fil 3, 21b)

Reflexión: Un amigo me envió por correo electrónico un anuncio de escapularios que decían ser "¡los escapularios más cómodos jamás fabricados!".

"¿Desde cuándo se supone que los escapularios sean cómodos?", bromeó, recordando los días en que llevar un escapulario era como ponerse un mini-cilicio: picazón, incomodidad, y a propósito.

Para bien o para mal, los días de picor han pasado. Hoy esperamos comodidad. Incluso el ayuno parece haber pasado de moda. Esto no es necesariamente una mala evolución; los católicos no están en la onda del autocastigo o apartarse de las cosas buenas en la vida. Y seguramente todos podemos estar de acuerdo en que el verdadero ayuno consiste en servir a los pobres y abstenerse de chismorrear, mucho más que renunciar a los dulces o los *lattes*.

Y, sin embargo, nuestra tradición rebosa de ejemplos de ayuno físico. Santos y pecadores por igual se han negado cosas buenas por un tiempo. Muchos héroes de la Biblia han ayunado en tiempos de intensa oración. Pero, ¿por qué?

Ayunar por un tiempo es una forma de preparar nuestros cuerpos para algo que nuestros ojos no han visto y nuestros oídos no han escuchado, algo más allá de incluso las cosas buenas de este mundo. Todavía no estamos allí; estamos en la cúspide de ello. El Cristo transfigurado en el relato evangélico de hoy cambiado en oración, vestimenta blanca deslumbrante, gloriosa en apariencia nos ofrece un vistazo de lo que está por venir.

San Pablo nos dice que Jesucristo cambiará nuestros cuerpos humildes para conformarlos con el suyo glorificado. Es un momento para el que vale la pena prepararse.

—AE

Meditación: En la transfiguración de Jesús, el Padre declara: "Éste es mi Hijo, mi escogido; escúchenlo". Escuchar a Jesús en la oración implica encontrar tiempo y espacio para el silencio. "Ayunar" de esas actividades y ruidos que nos distraen tan fácilmente puede ayudarnos a encontrar ese tiempo y espacio. ¡Qué diferencia cuando nos llenamos de las palabras vivificantes y transformadoras de Jesús!

Oración: Señor Jesús, ayúdame a escuchar tus palabras, y por ellas dame participación en tu vida.

—TS

Cómo ser como Dios

Lecturas: Dn 9, 4b-10; Lc 6, 36-38

Escritura:
"Sean misericordiosos, como su Padre es misericordioso" (Lc 6, 36)

Reflexión: En la lectura del Evangelio de hoy, Jesús nos enseña cómo debemos ser semejantes a Dios, y también cómo *no* debemos jugar a ser Dios. En cuanto a esto último, Jesús advierte que no hay que juzgar ni condenar a los demás. Si eres como yo, esto te toca de cerca.

En un nivel, la enseñanza de Jesús en contra de juzgar a los demás se basa en el hecho de que sólo Dios conoce lo que hay en el corazón de las personas. El juicio y la condena son prerrogativas divinas, no nuestras. A otro nivel, como sugiere la primera lectura del profeta Daniel, cada uno de nosotros necesita la misericordia y el perdón de Dios. Los psicólogos nos dicen que lo que condenamos en los demás es a menudo lo que nos disgusta en nosotros mismos. Criticar a los demás puede ser una forma de desviar mi propia pecaminosidad y mis fracasos.

Jesús enseña una forma diferente de considerar a los demás. Instruye a sus discípulos para que sean misericordiosos, "como su Padre es misericordioso". De hecho, aquí hay otra forma en la que nosotros, como hijos de Dios, podemos crecer en la adopción de la "semejanza familiar" divina.

Una buena manera de ser más misericordioso es reconocer cómo Dios ha sido misericordioso conmigo. La oración de Daniel es una confesión de pecado. Las palabras de Daniel pueden convertirse en las mías. Observa que esas palabras se dirigen, con confianza, a Dios, que es compasivo y desea perdonar a los contritos. Cuando reconozco realmente lo misericordioso que ha sido Dios conmigo, me resulta más fácil mirar a los demás con compasión y, aún más, perdonar.

Lo mismo sucede con la generosidad. Cuando me tomo tiempo para nombrar las muchas formas en que Dios me ha bendecido, me siento más agradecido y me inspira la generosidad. En resumen, estoy inspirado para ser como Dios.

—TS

Meditación: En teoría, debería ser fácil recibir la misericordia, el perdón y la generosidad de Dios. Al fin y al cabo, son cosas que deseamos desesperadamente. Pero si examinamos nuestro corazón, podemos darnos cuenta de que nos resistimos a estos dones. Podemos pensar que no lo merecemos, o podemos temer cómo nos transformará la misericordia de Dios. La Cuaresma es un tiempo fructífero para pedir a Dios que ablande nuestros corazones, para crear un terreno fértil para la misericordia y la generosidad de Dios, de modo que podamos compartir los frutos de estos dones con los demás.

Oración: Dios misericordioso, cuando me resisto a tus dones, ablanda mi corazón para recibirlos y poder compartirlos con los demás.

—AE

Lavándonos a nosotros mismos

Lecturas: Is 1, 10. 16-20; Mt 23, 1-12

Escritura:
"Lávense y purifíquense;
aparten de mi vista sus malas acciones.
Dejen de hacer el mal, aprendan a hacer el bien,
busquen la justicia, auxilien al oprimido,
defiendan los derechos del huérfano
y la causa de la viuda" (Is 1, 16-17)

Reflexión: A veces podemos preguntarnos dónde acabamos nosotros y dónde empieza Dios. ¿Cómo actúa Dios en y a través de nosotros? Cuando hablamos o actuamos, ¿cuándo es obra nuestra y cuándo de Dios? Por supuesto, no hay respuestas claras a estas preguntas. Afortunadamente, la línea que separa a Dios de nosotros no es tan clara.

La lectura de hoy del profeta Isaías es un maravilloso ejemplo de esta tensión entre lo que Dios hace y lo que hacemos. Los profetas nos dicen claramente que dependemos totalmente de Dios y que, al mismo tiempo, debemos hacer el bien y ser justos y limpios. "Lávense", Isaías llama.

¿Lavarnos? Palabras inesperadas para los que consideramos a *Dios* responsable de hacer el lavado.

El desafiante mandato de Isaías es un consejo de oro para una buena Cuaresma y una buena vida. ¡Lávate! Esto significa que debemos hacer las cosas que nos limpian, que erradican el pecado de nuestras vidas, que limpian nuestras mentes de egoísmo, maldad y vida egocéntrica. Al fin y al cabo, sólo hace falta una cosa: el amor. Sí, el amor es el mejor limpiador que existe, mejor que cualquier jabón o desinfectante que el dinero pueda comprar. El amor limpia lo que hay en nuestro interior, el lugar más sucio de todos.

Por supuesto, cuando hacemos las cosas que Isaías nos exhorta a hacer —cuando amamos— no sabemos dónde terminamos nosotros y dónde empieza Dios. Cuando hacemos el bien, es Dios —es Cristo— quien hace el bien a través de nosotros. Cuando nos limpiamos por amor, es Dios —Cristo— quien nos limpia. Lo hacemos juntos. Esto es el amor. Esto es la salvación.

—AE

Meditación: Lavarse es una forma de expresar nuestro sentido de la dignidad y el valor. Nos aseamos antes de ir al trabajo, o para salir con los amigos, o para eventos especiales. Lo hacemos para mostrar lo mejor de nosotros mismos. ¿De qué necesito lavarme para presentar mi mejor yo a Dios y a los demás?

Oración: Señor, lávame con las aguas de tu amor. Límpiame de todo egoísmo, resentimiento y orgullo. Ayúdame a recordar las aguas purificadoras de mi bautismo y a vivir como miembro de la familia que formas en torno a Jesús.

—TS

Invertir el cálculo

Lecturas: Jer 18, 18-20; Mt 20, 17-28

Escritura:
"El que quiera ser grande entre ustedes, que sea el que los sirva" (Mt 20, 26)

Reflexión: Una imagen típica en las competiciones deportivas es la de agitar grandes dedos índices de gomaespuma que señalan la condición de "número uno" del equipo local (al menos en las aspiraciones de sus seguidores). Sin embargo, no sólo en el mundo del deporte se compite por el primer puesto. Muchos anhelan el reconocimiento y el estatus, posiciones de poder e influencia.

En el Evangelio de hoy, Jesús hace su tercera y más detallada predicción de la Pasión, y los apóstoles hermanos Santiago y Juan buscan puestos de prestigio (en la versión de Mateo, su madre es la que hace la petición). Que algo falla es evidente por las pistas del texto. Los otros apóstoles se molestan. ¿Pero es porque Santiago y Juan se adelantaron a la petición? ¡Sólo hay dos lugares junto a Jesús!

La pista principal está en la respuesta de Jesús a los hermanos. Advierte de la tendencia humana, cuando las personas tienen poder y autoridad, a "tiranizar" a los demás. Jesús enseña —y vive— de otra manera.

Es importante apreciar que Jesús está a favor de que sus discípulos se esfuercen por ser grandes. Sin embargo, como es su costumbre, invierte el cálculo, anulando las definiciones. ¿Acaso te sorprende esto de quien enseña: "El que sacrifique su vida por causa mía, la hallará" (Mt 16, 25)? Al perder, encontramos. Al morir, vivimos.

Aquí, Jesús redefine lo que es la grandeza y lo que supone ser el primero. No es un juego de suma cero, en el que el ganador se lo lleva todo. La grandeza en el reino de Dios se manifiesta a través del servicio amoroso a los demás, a través de la entrega en amor a los demás. Jesús no sólo enseña; pone en práctica su enseñanza, como aquel que vino "a servir y a dar la vida por . . . todos".

—TS

Meditación: La Madre Teresa dijo: "No estamos llamados a tener éxito, sino a ser fieles". A los ojos de Dios, la fidelidad es la grandeza. Y la fidelidad a Cristo requiere humildad, compasión y servicio amoroso hacia el otro. Al continuar nuestro camino de Cuaresma, caminemos por esta senda de grandeza. Así llegaremos a sentarnos a la derecha y a la izquierda de Jesús, donde hay sitio para todos.

Oración: Jesús, dame un corazón abierto para que pueda aprender de nuevo lo que significa ser grande.

—AE

17 de marzo: Jueves de la segunda semana de Cuaresma

Confía en el Señor

Lecturas: Jer 17, 5-10; Lc 16, 19-31

Escritura:
Bendito el hombre que confía en el Señor
y en él pone su esperanza.
Será como un árbol plantado junto al agua,
que hunde en la corriente sus raíces (Jer 17, 7-8a)

Reflexión: Una noche en la que sólo estábamos en casa mi hijo Eli y yo, salí a poner algo en el coche. Cuando volví a entrar en la casa, encontré a Eli en la puerta, completamente angustiado. "Pensé que te ibas", dijo. "Pensé que me quedaría solo".

Mientras abrazaba a Eli y le aseguraba que no me iba a ninguna parte, le pregunté: "¿Cuándo te he dejado solo? ¿Por qué crees que lo haría?".

En la lectura de hoy de Jeremías, Dios nos insta a confiar. Al igual que los niños, que no siempre saben o entienden lo que hacen sus padres, Dios nos pide confianza: *"¿Cuándo te he dejado solo? ¿Por qué crees que lo haría?"*.

La confianza es una realidad dinámica en las relaciones, que fluye y refluye a lo largo de nuestra vida. Mientras que algunas personas se aferran a Dios con una confianza inquebrantable, como el árbol fructífero de Jeremías, la mayoría de nosotros experimentamos el crecimiento desigual de un árbol en sequía y en flor. A veces nuestras raíces se extienden y beben las aguas frescas de la presencia de Dios. Otras veces nuestras raíces se secan, incapaces de conectar con la fuente misma de nuestra vida.

Nuestra confianza en Dios no es una expectativa de que Dios nos proteja de todas las dificultades. Más bien, confiamos en que Dios nunca nos dejará ni nos abandonará. En efecto, es en los momentos en que nos sentimos solos y preocupados cuando Dios está más cerca de nosotros, abrazándonos y recordándonos: *"Nunca antes te he dejado solo. Nunca lo haría"*.

—*AE*

Meditación: La confianza está en el corazón de la vida de fe. Aunque la fe comienza creyendo, se nutre al crecer en la confianza en que Dios nos bendecirá y sostendrá todos nuestros días. La práctica diaria de dedicar tiempo a agradecer las bendiciones de nuestra vida —tanto las grandes como las pequeñas— puede ayudarnos a crecer en la confianza en Dios. También puede inspirarnos a reconocer y responder a las necesidades de los Lázaros que nos rodean.

Oración: Señor, confío en ti; ayuda a mi falta de confianza. Por favor, hazme consciente de las formas en que me abrazas constantemente y me atraes a tu corazón. Y ayúdame a ser una persona más confiable para los demás.

—*TS*

Enderezar las líneas torcidas

Lecturas: Gn 37, 3-4. 12-13. 17-28; Mt 21, 33-43. 45-46

Escritura:
"Por último, les mandó a su propio hijo" (Mt 21, 37)

Reflexión: Las lecturas de hoy son relatos sobre cómo los celos y el resentimiento humanos conducen a la violencia, y sobre cómo Dios puede escribir recto con los renglones torcidos de la pecaminosidad humana.

José era el hijo predilecto de Jacob. Sin duda, Jacob se excedía en mostrar su favoritismo, y José podía ser prepotente. Pero nada de eso excusa el odio de los hermanos hacia su hermano menor. Cuando se presentó la oportunidad, intentaron matarlo.

Al menos Rubén buscó una solución que no implicara el asesinato: arrojar al joven a una cisterna (con la intención de salvarlo después). Pero Judá persuadió a los hermanos para que vendieran a José como cautivo a unos viajeros ismaelitas. Un hermano de sangre vendido, por celos, por veinte monedas de plata.

La historia de José continúa a través de muchos giros y vueltas. Si bien la intención de los hermanos era mala, terminó en una posición —como la mano derecha del faraón, por decirlo así— para salvar a su familia y a miles de otras personas del hambre. Además, José pudo finalmente perdonar a sus hermanos, viendo cómo Dios dispuso providencialmente los acontecimientos para que él se convirtiera en el instrumento a través del cual Dios rescató a muchas personas.

El relato del Evangelio de hoy es la parábola de los labradores rebeldes. Los sirvientes del propietario eran sometidos a violencia, algunos a muerte, cuando eran enviados a obtener su producto. La característica más llamativa de la parábola es la decisión del propietario de enviar a su hijo. ¿En qué estaba pensando al enviar a su hijo al peligro?

Dios, en su gran amor, no nos retiene nada, ni siquiera al Hijo de Dios. La muerte (y resurrección) de Jesús es el medio por el que Dios trae el perdón y la vida. Nuestros renglones torcidos no pueden impedir a Dios la obra de la redención.

—TS

Meditación: Es reconfortante saber que, incluso en nuestra condición pecadora, no podemos ni queremos detener la obra redentora de Dios en nosotros y en nuestro mundo. Por supuesto que siempre tenemos libre albedrío, pero la gracia de Dios abunda indefectiblemente. ¿Cuándo se ha parecido tu vida a un renglón torcido? ¿Cuándo la firmeza y el amor de Dios enderezaron suavemente esas líneas, devolviéndote la armonía con el plan de Dios para tu vida? Dedica hoy un tiempo a saborear esos momentos de tu pasado y la gratitud que fluye como respuesta.

Oración: Dios amoroso, gracias por escribir recto con los renglones torcidos de mi vida.

—AE

19 de marzo: Santa José,
esposo de la Santísima Virgen María

Lo que sabemos de José

Lecturas: 2 Sm 7, 4-5. 12-14. 16; Rm 4, 13. 16-18. 22;
Mt 1, 16. 18-21. 24 o bien Lc 2, 41-51

Escritura:
Jacob engendró a José, el esposo de María,
de la cual nació Jesús, llamado Cristo (Mt 1, 16)

Reflexión: Nunca olvidaré la primera vez que vi el clásico
navideño *Qué bello es vivir.* Un amigo me había instado a
verla durante años, pero parecía que nunca llegaba a hacerlo.
La película parecía vieja y anticuada. ¿Qué mensaje podría
tener para mí?

Por supuesto, la película tiene un mensaje para todos.
Jorge cree que su vida es un desastre. Se siente retenido por
todas sus obligaciones, sus errores y sus frustraciones. Pero
entonces, a través de la visita de un "ángel aspirante", Jorge
ve cómo habría sido el mundo si él no hubiera nacido. Ve a
todas las personas que ha conocido y lo diferentes y vacías
que habrían sido sus vidas sin él. Jorge comprende que su
vida tiene valor: su valor reside en las relaciones que ha
forjado, el bien que ha hecho, las personas a las que ha
amado.

Sólo podemos esperar ser tan felices como lo fue Jorge en
esos momentos de descubrimiento: ver y comprender que

nuestras vidas importan porque tocan otras vidas, encontrar la alegría en las formas en que nuestras vidas se han cruzado con otras, creer que esas vidas necesitaban las nuestras.

Es así como pienso en san José, cuya fiesta celebramos hoy. Sabemos muy poco sobre José. Pero sí sabemos que era "esposo de María" y el padre-tutor de Jesús. *Comprendemos la vida de José en relación con otras vidas.* Y en ese sentido, José es el modelo de ser humano, un verdadero santo. José no era justo ni bueno en sí mismo. Él era esas cosas —y más— con los demás.

—*AE*

Meditación: Tenemos mucho que aprender de José. Nunca se le representa hablando, pero hay una elocuencia silenciosa en el cuidado desinteresado que proporcionó a María y a Jesús, en la precisión de su trabajo como carpintero y en muchos otros aspectos. También es el modelo de alguien que prestó atención a sus sueños y los siguió.

Oración: Señor, que llamaste a san José para que cuidara de María y de Jesús, ayúdame a ser fiel en el cuidado de los miembros de mi familia y de otras personas que has puesto en mi vida. Que sea valiente para seguir los sueños que me inspiras.

—*TS*

20 de marzo: Tercer domingo de Cuaresma

La autorrevelación en el amor

Lecturas: Ex 3, 1-8a. 13-15; 1 Cor 10, 1-6. 10-12; Lc 13, 1-9

Escritura:
"Esto les dirás a los israelitas: 'Yo-soy me envía a ustedes'"
(Ex 3, 14)

Reflexión: Las personas que se enamoran se revelan mutuamente. El amante desea que el amado lo sepa todo sobre él, así como aprender todo sobre el amado. Si estás casado, recuerda cómo se desarrolló esta dinámica al principio de tu relación. O bien, recuerda el inicio de una amistad especial. La auto-revelación es una manifestación de amor.

Lo que es cierto de los seres humanos, creados a imagen de Dios, es cierto de Dios. Dios se revela a Moisés en la zarza ardiente. Este trascendental episodio catalizó la serie de acontecimientos que condujeron a la creación del pueblo de Dios en el acuerdo de la alianza en el Sinaí. Moisés es encontrado y llamado por Dios, que le revela el nombre divino, YO SOY (que se representa como YHWH). Este misterioso nombre connota a Dios como el Dios de la vida, tanto como fuente de vida como de realización de la misma.

Dios también revela su carácter compasivo, como alguien que escucha y responde a los gritos de sufrimiento de los hebreos esclavizados en Egipto. Este aspecto del ser de Dios se refleja en la respuesta del salmo de hoy: "El Señor es compasivo y misericordioso". De hecho, más adelante en el Éxodo, Dios se revela de nuevo a Moisés, ahora como "un Dios misericordioso y clemente, tardo a la cólera y rico en amor y en fidelidad" (Ex 34, 6).

En el Evangelio de hoy, Jesús revela lo que Dios *no es*, disipando así una falsa imagen de Dios como punitivo y vengativo. Jesús revela a Dios como misericordioso y clemente.

¿Nuestra respuesta adecuada? El *arrepentimiento*, un término que implica un cambio de mente y de corazón. Es esencial que conozcamos quién es Dios realmente para que nosotros, creados a imagen divina, mostremos a los demás el amor y la compasión de Dios.

—TS

Meditación: El nombre divino YO SOY deriva del verbo hebreo "ser". El carácter distintivo de YHWH es que Dios *es* —pasado, presente y futuro— y que Dios hace que todas las cosas sean. ¿Cómo está Dios presente en tu vida como una presencia amable y misericordiosa y una fuerza poderosa y creativa? ¿Cómo se ha revelado Dios a ti como YO SOY?

Oración: Señor Dios nuestro, te has revelado ante nosotros como alguien que siempre ha estado y siempre estará con nosotros. Que éste sea el corazón de nuestro camino cuaresmal: tu presencia amorosa con nosotros.

—AE

Cómo alejarse

Lecturas: 2 Reyes 5, 1-15; Lc 4, 24-30

Escritura:
Pero él, pasando por en medio de ellos, se alejó de allí (Lc 4, 30)

Reflexión: Hay una llama ardiente en las Escrituras que es totalmente relevante para nuestras vidas contemporáneas: el fuego de la ira humana, el fuego de la violencia humana. Como sabemos, la gente no siempre responde a la verdad —o incluso al amor— con tranquilidad o alegría. A veces responden con indignación.

En la lectura del Evangelio de hoy, Jesús dice una dura verdad en Nazaret. Los presentes "se llenaron de ira". Se sublevan y expulsan a Jesús de la ciudad, llevándolo a la cima de una colina con planes de "despeñarlo".

¡Qué turba furiosa! No les interesa el autoexamen ni la comprensión de Jesús. Más bien, su instinto es detener las palabras que no quieren oír, incluso si eso significa matar al mensajero. Pero el mensajero —el profeta que ha dicho la dura verdad— se aleja plácidamente, un modelo de fuerza y serenidad.

En nuestra cultura contemporánea, estas turbas enfurecidas se reúnen y se arremolinan en torno a cuestiones políticas, religiosas y morales. Nuestra nación, nuestra Iglesia e incluso nuestras familias parecen estar divididas en muchos frentes. Y aunque arrojarnos unos a otros desde las cimas de las colinas no es habitual, hemos encontrado otras formas de herir y silenciar a la gente.

La imagen de Jesús pasando "en medio de ellos" y alejándose es instructiva. A veces nos encontramos en medio del rencor humano: caos, desacuerdo, tensión, ira. Y aunque hay veces que debemos permanecer en la furia arremolinada para proteger a los vulnerables o la verdad, otras veces simplemente estamos llamados a atravesarla, a alejarnos con la fuerza y la serenidad de Jesucristo.

—AE

Meditación: ¿Por qué los profetas no son aceptados en su lugar de origen? Una de las razones, al parecer, es la falta de humildad. ¿Quién es él para decirnos lo que tenemos que hacer? Otra razón es el exceso de familiaridad. Creemos que conocemos al profeta, a su familia, sus antecedentes. ¿Quién se cree que es? No dejemos que nuestra familiaridad con Jesús nos impida que nos sorprenda o nos desafíe.

Oración: Señor, abre mi corazón siempre para acogerte a ti y a tus palabras. Y, por favor, dame la sabiduría para saber cuándo es mejor caminar en medio del rencor.

—TS

Simple, pero no fácil

Lecturas: Dn 3, 25. 34-43; Mt 18, 21-35

Escritura:
"No sólo hasta siete, sino hasta setenta veces siete" (Mt 18, 21)

Reflexión: Tuve un profesor de Sagrada Escritura que, después de explicar el significado de un pasaje, a menudo nos miraba a los estudiantes, sonreía y decía: "Amigos, es simple . . . pero no fácil". Normalmente, el pasaje era uno cuyo significado estaba claro. Lo que era un reto era vivir lo que el mensaje enseñaba. La lectura del Evangelio de hoy es uno de esos pasajes.

Jesús cuenta la parábola del siervo que no perdona en respuesta a la pregunta de Pedro: "Si mi hermano me ofende, ¿cuántas veces tengo que perdonarlo? ¿Hasta siete veces?". Démosle a Pedro algo de crédito; siete veces es una oferta generosa. Pero Jesús sube la apuesta —setenta veces siete— y continúa con la parábola.

Es sencillo ver la disparidad entre la compasión del amo por un siervo que le pedía perdón por una deuda que nunca podría pagar, y la respuesta insensible de éste a un compañero que le debía una miseria. Al igual que los espectadores de la parábola, nos sentimos sacudidos y enfurecidos.

Ahora llegamos a la parte difícil. Aunque la cuestión inicial parecía ser la cantidad (¿siete veces?), la parábola de Jesús trata de la *calidad* del perdón; debe ser "de corazón". ¿Por qué nos resulta tan difícil perdonar? Aunque algunas ofensas, heridas y traiciones son graves (lo que hace que la dificultad sea fácil de entender), normalmente el asunto es más insignificante. A veces, me gusta aferrarme al resentimiento. Mi orgullo está herido. Negar el perdón puede ser una forma de vengarme.

El verdadero problema podría ser: ¿he dejado realmente que la total gratuidad del perdón de Dios penetre en mi corazón? Cuando lo hago, perdonar a los demás se vuelve más fácil. Recordemos esto cuando recemos: "Perdona nuestras ofensas, *como* también nosotros perdonamos a los . . .".

—TS

Meditación: El boxeador George Foreman contó una historia sobre su dolorosa relación con su padre. Un día se dio cuenta de que tenía una opción clara (pero no fácil): perdonar a su padre o simplemente perderlo. Foreman eligió el perdón. Cuando retenemos el perdón, nos perdemos de muchas cosas. Renunciamos a nuestra tranquilidad, renunciamos a las relaciones y damos la espalda a Dios. Perdonar a otra persona es una ofrenda cuaresmal digna. Camina entonces, y encuentra a Jesús en la cruz con un corazón abierto y perdonador.

Oración: Señor Jesucristo, perdóname y concédeme un corazón perdonador.

—AE

Recordamos

Lecturas: Dt 4, 1. 5-9; M 5, 17-19

Escritura:
"Pero ten cuidado y atiende bien:
No vayas a olvidarte de estos hechos que tus ojos han visto,
ni dejes que se aparten de tu corazón en todos los días de tu
vida; al contrario, transmíteselos a tus hijos y a los hijos de
tus hijos" (Dt 4, 9)

Reflexión: La edad y la enfermedad pueden quitarnos los
recuerdos. Y, sin embargo, hay algunas cosas que nunca ol-
vidamos, en el fondo. Aunque el cuerpo se degenere, aunque
se pierdan las habilidades vitales, las relaciones e incluso la
personalidad, el núcleo de la persona —el alma— permanece
inalterable, sólido, eterno.

De hecho, los que aman y cuidan a los desmemoriados
han visto pruebas de ello. En los últimos días de mi abuela,
su memoria muscular respondía a las oraciones del sacerdote
cuando —con los ojos cerrados y sin responder— levantaba
la mano de la cama del hospital para hacer la señal de la
cruz. Esta respuesta surgió de lo más profundo de su ser, un
signo sacramental sin duda aprendido en el lado sur de Chi-
cago, en la parroquia irlandesa de su infancia.

Un amigo mío, un sacerdote que sufría de "demencia con
cuerpos de Lewy", miró un árbol y lo llamó una cruz. Toda-

vía conocía los símbolos de nuestra fe, aunque no recordaba para qué servía un tenedor.

Somos un pueblo de rituales y sacramentos. Repetimos oraciones y acciones, recordándonos las cosas una y otra vez. Nuestra práctica cuaresmal es un ejemplo. Cada año rezamos, ayunamos, nos entregamos, entramos en un rico tiempo de liturgia. Hay sonidos, olores, palabras y acciones que acompañan a todo ello.

No importa lo que traigan los años, nunca olvidaremos estos días de ceniza y adoración. En lo más profundo de nuestro ser, siempre recordaremos —siempre seremos— lo que hemos visto con nuestros ojos, lo que hemos hecho con nuestro cuerpo, lo que hemos creído en nuestro corazón, lo que somos en lo más profundo.

—AE

Meditación: "En el centro de nuestro ser" también nos permite comprender la lectura del Evangelio de hoy, en la que Jesús declara que ha venido a cumplir lo que enseñan las Escrituras. Él cumple las Escrituras porque encarna los caminos del amor enseñados en las Escrituras, los caminos que muestran la santidad de Dios. Jesús lo hace como Hijo de Dios. Nosotros, sus hermanos y hermanas adoptivos, estamos facultados por el Espíritu que mora en nosotros para conformarnos a la semejanza de Jesús.

Oración: Señor, lléname de tu Espíritu. Dame la "memoria muscular" para caminar en el camino de Jesús.

—TS

El corazón del asunto

Lecturas: Jer 7, 23-28; Lc 11, 14-23

Escritura:
Señor, que no seamos sordos a tu voz (Salmo 94, 8: respuesta del salmo de hoy)

Reflexión: Contando los años de estudios y mi actual ministerio, he vivido en la zona de Boston durante más de veinte años. Nunca dejo de deleitarme con el acento local cuando se lee el Salmo 94 en la misa: "If today you hear his voice, *hahhhden nawt your hahhhts*" (Hagámosle caso al Señor, que nos dice: "*No endurezcan su corazón*"). Sin embargo, espero que mi diversión no me lleve a no tener en cuenta esta advertencia.

En la primera lectura de hoy, el profeta Jeremías es el portavoz de la crítica de Dios porque el pueblo no ha hecho caso a su palabra; más bien, "endurecieron su cabeza" y no han obedecido.

En nuestra lectura del Evangelio de Lucas, a Jesús se le oponen algunos de la multitud que le acusan de poder expulsar demonios porque está aliado con lo demoníaco. No reconocer el amor y el poder de Dios que actúa a través del ministerio de Jesús es una trágica consecuencia de los corazones endurecidos.

Me gusta señalar a mis alumnos que en griego, la lengua del Nuevo Testamento, existe una relación entre las palabras "oír" (*akouō*) y "obedecer" (*hypakouō*). Obedecer es, literalmente, "escuchar bajo". Frente a la palabra de Dios, el significado es tener la humildad de *escuchar*, reconocer que las palabras y los mandatos de Dios son la vida. Además, cuando permitimos que las palabras de Dios (por ejemplo, a través de las Escrituras) se arraiguen y crezcan en nuestros corazones, somos transformados por su poder vivificador. El fruto de esa transformación es la obediencia a Dios.

La Cuaresma es un tiempo oportuno para mejorar la calidad de la "tierra" de nuestros corazones, igual que los jardineros en estos días están removiendo la tierra de sus parcelas en previsión de que surjan flores y vegetación.

—*TS*

Meditación: Puede ser un reto discernir cuándo estamos escuchando realmente la voz de Dios. Si supiéramos con certeza que es Dios, ¡seguramente obedeceríamos! La voz de Dios suele ir acompañada de paz y de una sensación de claridad. Esto no significa que lo que Dios nos pide sea fácil o nos haga felices al instante. Más bien, cuando escuchamos la voz de Dios, estamos en paz, aunque lo que Dios nos pida sea tan difícil como la muerte en una cruz. Siéntate hoy en silencio y escucha. ¿Qué escuchas?

Oración: Habla, Señor, que tu siervo escucha.

—*AE*

Un día extraordinario y ordinario

Lecturas: Is 7, 10-14; 8, 10; Heb 10, 4-10; Lc 1, 26-38

Escritura:
Aquí estoy, Señor, para hacer tu voluntad (Salmo 39, 8a. 9a; respuesta del salmo de hoy)

Reflexión: La solemnidad de hoy nos llega en medio de nuestro camino cuaresmal, como un suave recordatorio de que, en cualquier momento, un día ordinario puede convertirse en extraordinario.

Me pregunto cómo fue el día de María: el día en que la luz irrumpió e interrumpió sus tareas, o su comida, o su descanso. Me pregunto en qué pensaba, qué planes hacía, qué era lo que más quería en su vida. Me pregunto qué cosas ordinarias hizo ese día.

¿Cómo es tu día hoy? ¿En qué piensas? ¿Qué planeas y qué quieres? ¿Qué cosas ordinarias has hecho?

La vida de María no sólo cambió por la luz y el ángel, ni tampoco por el gran anuncio que hizo el ángel de que tendría un hijo. Su vida (y con ella, la de todos nosotros) cambió por su respuesta deliberada, una respuesta nacida de la oración y la personalidad, una respuesta nacida de la confianza: "Cúmplase en mí". O en palabras del salmista: "Aquí estoy Señor, para hacer tu voluntad".

Dejemos que estas palabras nos guíen hoy, y a lo largo de nuestro camino cuaresmal. ¡Aquí estoy, Señor! Gritémoslo de corazón con cada ayuno y con cada oración: ¡Vengo a hacer *tu voluntad!* Si estas palabras son verdaderas cada día —si nos esforzamos por hacerlas realidad— entonces nosotros también cambiaremos nuestro mundo con nuestra propia respuesta a cada pizca de luz, a cada maravillosa interrupción y a cada inesperada anunciación en nuestros días más ordinarios.

—*AE*

Meditación: La decisión de Dios de encarnarse en la persona de Jesús dependía del "sí" de María. El hecho de que deje de lado sus propios planes para realizar la voluntad de Dios es el comienzo del misterio de la Encarnación. La vida de su hijo Jesús también estuvo marcada por su "sí" al Padre, como lo demuestra su oración en el huerto, la noche antes de dar su vida por nosotros. Que nuestros "sí" a Dios, cada día, lleven a Cristo y su amor a los demás.

Oración: Señor, por intercesión de la Madre María, concédeme la gracia y la generosidad de decir "sí" a Dios y a los caminos de Dios, cada día.

—*TS*

Glorificación y santificación

Lecturas: Os 6, 1-6; Lc 18, 9-14

Escritura:
Porque yo quiero misericordia y no sacrificios . . . (Os 6, 6)

Reflexión: La Constitución del Vaticano II sobre la Sagrada Liturgia, *Sacrosanctum Concilium*, enseña que en la liturgia de la Iglesia —especialmente en la liturgia eucarística— se alcanzan dos fines importantes: la glorificación de Dios y la santificación de los humanos que participan (*SC* 10). Esta enseñanza puede servir de fondo para reflexionar sobre la parábola de Jesús en el Evangelio de hoy.

En primer lugar, confieso que esta parábola me convence a menudo, pues me encuentro pensando: "¡Gracias a Dios que no soy como el fariseo!". Es tentador despreciar al fariseo del mismo modo que éste despreció al recaudador de impuestos. ¡Pero entonces nos perdemos la advertencia sobre la autojustificación!

Podemos detectar fácilmente lo que es problemático en la oración del fariseo, especialmente su condena de un compañero de culto y su enumeración de sus propios logros espirituales. Su oración es todo sobre sí mismo. Pero, ¿a veces me siento tan atrapado por lo que hago para Dios que (tal vez sin quererlo) pienso que Dios me debe algo?

Aquí es donde entran en juego la glorificación y la santificación. Aunque implícito, el recaudador de impuestos glorifica a Dios al reconocer humildemente que está en presencia de lo divino y al reconocer su condición pecadora. Dar gloria, alabanza y agradecimiento a Dios es esencial para una oración adecuada, la respuesta apropiada a todas las formas en que Dios nos bendice. También lo es pedir la misericordia de Dios.

¿Y la santificación? ¿Cómo sabemos si nuestra oración nos hace santos? Permíteme sugerir que la lista de Pablo de los "frutos" del Espíritu en Gálatas 5, 22-23 ofrece puntos de referencia útiles: el amor, la alegría, la paz, la paciencia, la bondad, la generosidad, la fidelidad, la mansedumbre y el control de sí. La oración y los sacramentos nos capacitan para recibir y apropiarnos de estos atributos, las marcas de la santidad cristiana, lo que Dios desea de nosotros.

—TS

Meditación: La oración es una relación, nuestra relación con Dios. La oración puede abrirnos los ojos a la verdad sobre Dios y sobre nosotros mismos. Cuando nuestra oración es humilde, auténtica y despojada de pretensiones, Dios es glorificado y nosotros santificados. Esto es lo que Dios desea, no una demostración, ni una devoción superficial, ni una palabrería. Dedica hoy varios minutos a la oración en silencio. Mantén las manos en posición de apertura mientras rezas, significando tu corazón abierto y sincero.

Oración: "Un corazón contrito te presento, / y a un corazón contrito, tú nunca lo desprecias" (Sal 50, 19).

—AE

Un ministerio de reconciliación

Lecturas: Jos 5, 9a. 10-12; 2 Cor 5, 17-21; Lc 15, 1-3. 11-32

Escritura:
. . . En Cristo, Dios reconcilió al mundo consigo
y renunció a tomar en cuenta los pecados de los hombres,
y a nosotros nos confió el mensaje de la reconciliación (2 Cor
5, 19)

Reflexión: Cualquiera que lea la Biblia y observe la vida puede preguntarse por qué Dios confiaría algo a los seres humanos. No somos precisamente el grupo más fiable. Pero en la lectura de hoy de la carta de Pablo a los Corintios (algo díscolos), Pablo insiste en que Dios nos ha confiado algo terriblemente precioso: la propia obra divina, la reconciliación.

Pablo se refiere a un "mensaje" y a un "ministerio" de reconciliación. Este es *nuestro* ministerio, confiado por el Dios que ha derribado todo obstáculo entre Dios y los seres humanos, incluso la muerte. Este es nuestro ministerio, confiado por el Dios para el que la reconciliación es la joya de la corona, la pieza preciosa, lo más deseado.

Por supuesto, el jurado aún no ha decidido si los seres humanos llevaremos a cabo fielmente este ministerio de reconciliación. Se dice que cuando le preguntaron cómo pensaba que iba el "experimento cristiano", C.S. Lewis respondió: "No lo sé. Todavía no lo hemos probado". Su irónica respuesta refleja lo que todos sabemos que es cierto: no hemos conseguido llevar el amor reconciliador de Jesucristo a nuestros hogares, nuestras comunidades y nuestro mundo.

Y, sin embargo, hay destellos de esperanza. Cada vez que pensamos en el otro antes que en nosotros mismos, cada vez que nos mordemos la lengua en lugar de soltar un sarcasmo o un chisme, cada vez que rezamos sinceramente por una persona difícil, cada vez que perdonamos, cada vez que consolamos, en esos momentos nos plantamos en un rincón oscuro de nuestro mundo e introducimos la cálida luz de la reconciliación. En esos momentos practicamos un ministerio sagrado, divino en su origen, humano en su aplicación e infinito en su valor.

—*AE*

Meditación: La lectura del Evangelio de hoy termina con el hermano mayor que se queda fuera de la residencia familiar, reflexionando sobre las súplicas de su padre para que se una a la fiesta que celebra el regreso del hijo menor y pródigo. ¿Qué hará el hermano mayor? ¿Tragarse su orgullo y entrar? ¿O revolcarse en su resentimiento y rechazar el deseo de reconciliación de su padre? ¿Qué haría yo?

Oración: Señor, que has reconciliado al mundo por medio de Cristo y has dado a tu pueblo el ministerio de la reconciliación, ayúdame a ser un reconciliador reconciliado.

—*TS*

En los términos de Jesús

Lecturas: Is 65, 17-21; Jn 4, 43-54

Escritura:
Aquel hombre creyó en la palabra de Jesús y se puso en camino (Jn 4, 50)

Reflexión: A partir de la cuarta semana de Cuaresma, el Leccionario nos envía al Evangelio de Juan para el resto de este tiempo litúrgico. Este Evangelio tiene varias características particulares, una de las cuales es la cuidadosa enumeración de las "señales" (o "signos") que Jesús realiza y que señalan su identidad como Hijo de Dios que vino a traer la vida al mundo. La lectura de hoy alude a la primera señal, la transformación del agua en vino por parte de Jesús en las bodas de Caná.

Jesús está ahora de vuelta en Caná, donde realizará su segunda señal. Un funcionario real oye hablar de Jesús y recorre una buena distancia para buscar la curación de su joven hijo, que está a punto de morir. Sólo podemos imaginar la angustia del padre ante la situación de su hijo. Cuál debió ser su angustia al oír la respuesta inicial de Jesús: "Si no ven ustedes signos y prodigios, no creen".

¡Espera un momento! ¿No son los signos algo bueno? No cuando la gente se los exige a Jesús. No es nuestra prerrogativa establecer los términos de la acción divina en nuestra vida. La madre de Dios se dio cuenta de ello en las bodas cuando, tras la réplica de Jesús, aparentemente desagradable ("¿Qué quieres de mí, Mujer?"), exhortó a los servidores, "Hagan lo que *él* les diga" (Jn 2, 4-5).

El funcionario real aprende una lección similar. Tiene que dejar de esperar que Jesús le acompañe a casa para curarle. Jesús simplemente dice: "Vete, tu hijo ya está sano". Confiando en el poder sanador de Jesús, el hombre regresa por sí mismo, y descubre en el camino que su hijo ha sido sanado. De este modo, da ejemplo de una lección difícil pero importante: a veces debemos soltar y, con confianza, dejar que Dios sea Dios.

—*TS*

Meditación: Por un lado, la confianza es una gracia, un don de Dios. Por otro lado, es un trabajo duro. La confianza no se fomenta pidiendo señales, sino construyendo relaciones. En esta Cuaresma, volvamos a dedicarnos a construir la confianza: entre nosotros y nuestro Creador, entre nosotros y las personas de nuestra vida. Dejemos que "Dios sea Dios" y recibamos todo el regalo y la gracia que Dios desea dar mientras hacemos este trabajo espiritual esencial.

Oración: Dios, hoy no pido nada. No necesito ningún signo ni prodigio. Confío en ti, y eso es suficiente.

—*AE*

Aguas infinitas

Lecturas: Ez 47, 1-9. 12; Jn 5, 1-16

Escritura:
Un hombre me llevó
  a la entrada del templo.
  Por debajo del umbral
  manaba agua hacia el oriente,
  pues el templo miraba hacia el oriente,
  y el agua bajaba por el lado derecho del templo,
  al sur del altar (Ez 47, 1)

Reflexión: Me crié en Texas, así que no soy ajena al calor del verano. Por supuesto, de niña no conocía nada diferente. Los veranos eran simplemente calurosos. Pero nada nos impedía estar fuera.

Cuando era adolescente, aprendí lo peligroso que puede ser el calor. Una excursión en un desierto del oeste de Texas se convirtió en una búsqueda de agua a vida o muerte. De pie en un sendero polvoriento, con el sol cayendo a plomo sobre mí, la temperatura de más de 100 grados y sin agua a la vista, contemplé la muerte por primera vez en mi joven vida. Recuerdo que pensé: *Podría morir aquí, ¿Estoy preparada?*

Estaba desesperada por encontrar agua. Pero recuerdo que me detuve y me quedé muy quieta, sólo durante unos minutos. No recuerdo haber pensado en lo joven que era ni en todas las cosas que aún quería hacer. Sólo recuerdo haber pensado en las personas de mi vida, sus rostros brillantes y claros en mi mente mientras pensaba en ellas una a la vez.

Recordando ahora ese momento, me conmueve. El desierto me llevó a un momento de reflexión, cuando mi vida se reducía a lo que más importaba. Era la gente.

Las lecturas de hoy tratan del agua: las aguas sanadoras y vivificantes de Dios. El simbolismo del agua es rico: en las aguas infinitas de Dios, somos bautizados. Morimos y resucitamos con Cristo. Nos convertimos en Iglesia. Es un agua que llena el alma, una corriente que fluye y nos une.

Todavía recuerdo lo que sentí al tomar ese primer trago de agua aquel día en el desierto. Sentí la vida en mí.

—*AE*

Meditación: El hombre curado en la lectura del Evangelio de hoy "fue y les contó a [las autoridades religiosas] que el que lo había curado era Jesús". ¿Es un soplón desagradecido? No tan rápido. El verbo que Juan utiliza para "contó" es el mismo que se utiliza en otros lugares para anunciar lo que Jesús ha hecho para darnos vida. ¿Cómo proclamo a los demás las cosas buenas que Dios ha hecho por mí, incluso en las aguas del bautismo?

Oración: Señor, sólo tú puedes colmar mi profunda sed de vida y de amor. Lléname con tu Espíritu.

—*TS*

Aprendizaje divino

Lecturas: Is 49, 8-15; Jn 5, 17-30

Escritura:
"Mi Padre trabaja siempre y yo también trabajo" (Jn 5, 17)

Reflexión: La lectura del Evangelio de hoy sigue al tercer "signo" que realiza Jesús, la curación del paralítico en la piscina. Como suele ocurrir en Juan, Jesús ofrece entonces un largo discurso que ilumina el significado del signo.

Como Jesús realizó esta curación en sábado, día de descanso sagrado para los judíos, algunos líderes religiosos se enfrentan a él y lo desafían. Jesús responde diciendo que, al igual que su Padre, ahora está trabajando para dar vida. El poder creador de Dios actúa en todos y cada uno de los nanosegundos (¡si no, no existiríamos!), incluido el sábado. De hecho, las mujeres a veces dan a luz en sábado. El amor que da vida no puede descansar.

Los interlocutores de Jesús comprenden exactamente lo que sugiere y le persiguen por "hacerse igual a Dios". Luego explica, utilizando la imagen de un niño-aprendiz, que todo lo que dice y hace es lo que ha oído y visto del Padre. La imagen transmite la relación íntima de Jesús con Dios y su obediencia filial a la voluntad de Dios en su vida y ministerio. El Hijo no actúa por su cuenta, sino en plena concordancia con su Padre.

Al igual que el Padre tiene vida en sí mismo y da vida, Jesús también la tiene. Además, este poder de dar vida se extiende a la resurrección de los muertos. El poder salvífico y vivificador de Dios se basa en el *amor*, como proclama el profeta Isaías. Lo que Jesús reveló al paralítico nos lo revela a nosotros: la ternura del amor de Dios, el amor de Aquel que nunca nos olvida.

A medida que nos acercamos a la celebración de la Pascua, ofrezcámonos como aprendices-discípulos a Jesús para que podamos ser "entrenados" para dar testimonio del amor de Dios.

—*TS*

Meditación: El aprendizaje es una analogía útil para la vida espiritual. No se espera que un aprendiz sea tan hábil como el maestro artesano, al menos no *todavía*. Pero se espera que el aprendiz se presente todos los días y se dedique al oficio, por tedioso que sea el aprendizaje de cada habilidad. Y así también nos levantamos cada día, dispuestos a aprender, decididos a ser más hábiles en el santo oficio del amor.

Oración: Dios amoroso, enséñanos tus caminos para que, como Jesús, tu Hijo, nos pongamos a hacer tu obra.

—*AE*

Becerros de oro

Lecturas: Ex 32, 7-14; Jn 5, 31-47

Escritura:
"No tardaron en desviarse del camino que yo les había señalado. Se han hecho un becerro de metal, se han postrado ante él y le han ofrecido sacrificios" (Ex 32, 8)

Reflexión: La lectura de hoy del Éxodo cuenta una historia vívida que conocemos muy bien. La sabemos por haberla leído y escuchado, pero también la hemos vivido. Esta es la historia del pueblo de Israel que formó su propio dios —un "becerro de metal"— a partir de la fundición y remodelación de su propio oro en el desierto. Hicieron sacrificios al becerro. Se deleitaron ante él.

Al principio la historia puede parecer ridícula. ¿No sabían los israelitas que Dios les había rescatado de la esclavitud en Egipto y que les llevaba a una tierra que mana leche y miel? ¿No apreciaban lo que Dios había hecho? ¿Por qué iban a crear *otro dios*?

Por supuesto, esas preguntas resuenan en cualquier superficie dura y vuelven a nosotros. ¿Por qué *nosotros* creamos otros dioses? ¿Por qué no estamos satisfechos con Aquel que nos ha liberado y nos lleva a cosas mejores? ¿Por qué fundimos nuestro propio oro para formar algo tan inferior?

Los israelitas no lo hicieron por capricho. Estaban cansados. Se sentían inquietos y perdidos. Cansados y distraídos, apartaron la vista del premio el tiempo suficiente para perder el rumbo. No somos tan diferentes.

La ira de Dios arde contra el pecado del pueblo. Pero Moisés es amigo de Dios (Ex 33, 11), y como todo buen amigo, Moisés habla con franqueza. Pide a Dios que sea paciente, que "renuncie" por el bien del pueblo. Y como hacen los buenos amigos, Dios escucha.

Dios ve cada becerro fundido que hacemos y oye cada uno de nuestros gritos de júbilo. Pero que cada uno de nosotros se consuele: la "renuncia" de Dios se repetirá mientras respiremos, por el bien del pueblo.

—*AE*

Meditación: ¿Qué son hoy los "becerros de oro"? ¿A qué dedico mi tiempo discrecional y dirijo mis energías? Si la respuesta es algo como una marca de prestigio, un puesto profesional, una determinada cifra de salario, etc., puede que tengas un becerro de oro. O, cuando creo un dios a *mi* imagen y semejanza, hay un becerro de oro. ¿Hay un becerro de oro en mi vida?

Oración: Señor, tú eres el único y verdadero Dios. Ayúdame a ofrecerte a ti —y sólo a ti— alabanza y gloria. Fórmame a *tu* semejanza.

—*TS*

Ayuda en el viaje

Lecturas: Sab 2, 1. 12-22; Jn 7, 1-2. 10. 25-30

Escritura:
"Pero yo sí lo conozco, porque procedo de él y él me ha enviado" (Jn 7, 29)

Reflexión: Las lecturas de hoy tienen matices ominosos que nos señalan la culminación de la Cuaresma. En la lectura de la Sabiduría, escuchamos las cavilaciones de los que traman la destrucción de un inocente. En el texto evangélico hay referencias a los que intentan matar a Jesús y a su "hora" (es decir, los acontecimientos de la Semana Santa). Sin embargo, con un detalle importante, Juan también ofrece luz y ánimo.

Nos enteramos de que Jesús vuelve a Jerusalén para la Fiesta de los Tabernáculos, escenario de las lecturas del Evangelio de la semana siguiente. La información de esta fiesta en particular adquiere importancia cuando comprendemos lo que conmemora y cómo se celebraba. La Fiesta de los Tabernáculos (es decir, Sucot) es una celebración otoñal de una semana de duración que recuerda la guía y la providencia de Dios a los israelitas durante su viaje por el desierto tras el éxodo.

En los tiempos de Jesús, la celebración en el Templo de Jerusalén involucraba libaciones de agua que simbolizaban las aguas vivificantes que fluirían del templo (de acuerdo con las visiones del profeta Ezequiel). También había procesiones iluminadas por antorchas por la noche, presagiando el final de la noche y la oscuridad cuando la luz de Dios impregnaría todo.

Estos antecedentes pueden ayudarnos a apreciar cómo Dios ha estado, y *sigue* estando, con nosotros para guiarnos y proveernos en nuestro camino de la Cuaresma y, aún más, para el camino de la vida. Dios lo hace a través de Jesús que, en los versículos siguientes, será presentado como proveedor de aguas vivificantes que realmente satisfacen (7, 37-39, una alusión al don del Espíritu) y como "luz del mundo" (8, 12) que nos protege de caminar en la oscuridad.

Sigamos nuestro camino con gran confianza.

—TS

Meditación: La esperanza se simboliza a menudo con un ancla. Al igual que los barcos en los lagos, a veces nos movemos en direcciones que no esperamos y somos azotados por vientos y tormentas. Un ancla sólida proporciona la seguridad de que no seremos arrastrados al olvido ni nos perderemos por la fuerza de una tormenta. El agua y la luz también son símbolos de esperanza. Una noche oscura iluminada por una antorcha, una libación de agua que fluye del templo: La presencia de Dios, llena de luz y dadora de vida, está con nosotros. No debemos temer lo que nos espera.

Oración: Señor, Dios mío, hazme luz, agua y ancla para los demás, para que también ellos puedan esperar en ti.

—AE

La alegría secreta de la Cruz

Lecturas: Jer 11, 18-20; Jn 7, 40-53

Escritura:
Así surgió entre la gente una división por causa de Jesús (Jn 7, 43)

Reflexión: La lectura del Evangelio de hoy está llena de tensión y hostilidad: una cacofonía de voces se alza contra la persona y el ministerio de Jesús. Vemos la cruz asomando en el horizonte.

Podría sorprendernos y alarmarnos observar que esta tensión en ebullición aflora aquí, en el séptimo capítulo del Evangelio de Juan. No estamos ni cerca del final del Evangelio y, sin embargo, ya se habla aquí de "división", de arrestar a Jesús, de guardias y condenas. Sí, la cruz aparece muy pronto en la vida de Jesús.

Crecí en una parroquia que celebraba fielmente el Vía Crucis a partir de una versión bastante anticuada (e hipnóticamente bella) de esta devoción. Frases y retazos de ella me han acompañado a lo largo de los años, llamando y resonando a mi paso, buscando el camino de la cruz en mi propia vida. Una frase que siempre he saboreado es la sugerencia de que Jesús tomó el madero de la cruz en sus manos "con una alegría secreta". ¿Por qué la alegría? Ya sabemos por qué: "es el instrumento con el que va a redimir al mundo".

En el Evangelio de hoy, la multitud, los guardias, los sumos sacerdotes y los fariseos opinan sobre quién es Jesús, de dónde viene y lo peligroso que es. La tensión es casi demasiado para nosotros, que sabemos lo que está por venir. En efecto, le condenarán, le echarán mano, le arrestarán. Y, sin embargo, cuando el madero de la cruz toque sus manos, un temor natural irá acompañado de una alegría secreta. La cruz que asoma en el horizonte se convertirá en el lugar del amor de un hombre, un amor con el que redimirá al mundo.

—*AE*

Meditación: El Vía Crucis es una práctica venerable de la Cuaresma. Capta muchos momentos conmovedores, como el Jesús sufriente que consuela a su madre, el acto de amor valiente y compasivo de la Verónica, Simón de Cirene ayudando a Jesús a llevar su cruz. ¿Hay alguna estación que te llame la atención o te hable al corazón? Puede que sea ahí donde Dios te guíe a rezar durante estos días.

Oración: Señor Jesús, seguirte en el camino de la cruz es difícil. Dame fuerza y valor. Abre mi corazón al inmenso amor que revelan tu sufrimiento y tu muerte.

—*TS*

Un futuro de esperanza

Lecturas: Is 43, 16-21; Fil 3, 8-14; Jn 8, 1-11

Escritura:
Yo voy a realizar algo nuevo! (Is 43, 19)

Reflexión: La lectura del Evangelio de hoy es dramática. Mientras Jesús enseña en la zona del templo, de repente una mujer es arrastrada y obligada a ponerse en medio de la multitud. Los que lo hacen afirman haberla sorprendido en acto de adulterio, aunque su compañero de género masculino está notoriamente ausente. Pretenden mostrar a Jesús como "blando" con respecto a la ley mosaica que exige que los adúlteros sean apedreados hasta la muerte.

Penetra en la escena: la violencia (y la amenaza de más violencia) que experimentó la mujer, su humillación, su miedo. Y, ¿qué hace Jesús? Se agacha y ¡empieza a escribir en el suelo con el dedo! Abundan las conjeturas sobre lo que escribió Jesús (como zurdo, admito que me pregunto si era zurdo). Pero lo importante es cómo su acción baja la temperatura ante un enfrentamiento violento.

Cuando los dirigentes insisten en presionar a Jesús para que adopte una postura, éste les desafía a mirar en sus propios corazones, a auto examinar su propia fidelidad a la ley. Uno a uno, se alejan, dejando a la mujer sola ante Jesús. Y por primera vez en la historia, se reconoce su dignidad.

Hasta este momento, ella ha sido utilizada como un peón. Jesús le habla como una persona. Más aún, le señala el *futuro*, un futuro de esperanza y de nueva vida.

En la segunda lectura, Pablo se refiere a este futuro como, "la meta y [el] trofeo al que Dios, por medio de Cristo Jesús, nos llama desde el cielo". La invitación de Jesús a la mujer pone en práctica lo que Isaías, en la primera lectura, llama el "algo nuevo" de Dios, una alusión a la nueva creación.

¿Qué me llama Jesús a dejar atrás? ¿Cómo me invita a un futuro lleno de esperanza?

—TS

Meditación: Los recuerdos del pasado pueden causarnos dolor. La mujer del Evangelio de hoy fue bendecida por la presencia sanadora de Jesús en un momento traumático. Recuerda un momento doloroso de tu pasado. Usa tu imaginación y ve a Jesús allí contigo. Pide a Jesús que sane este tiempo, que lo transforme para siempre con su presencia. ¿De qué manera esta oración de sanación infunde esperanza a tu presente e incluso a tu futuro?

Oración: Señor Jesús, creo que en cada momento de mi vida has estado conmigo, sanándome, creándome de nuevo y señalándome un futuro lleno de esperanza.

—AE

Luz del mundo

Lecturas: Dn 13, 1-9. 15-17. 19-30. 33-62; Jn 8, 12-20

Escritura:
"Yo soy la luz del mundo;
el que me sigue no caminará en la oscuridad
y tendrá la luz de la vida" (Jn 8, 12)

Reflexión: De todas las analogías y símbolos de la Escritura, la "luz" es uno de los que más resuenan en nosotros. La luz se menciona cientos de veces en la Biblia, a menudo en referencia a Dios. Entendemos intuitivamente; los beneficios de la luz son muy parecidos a la gracia de Dios.

La luz nos orienta. Por mucho que mi hijo quiera salir al patio y jugar al fútbol incluso cuando cae la noche, en algún momento simplemente se hace demasiado oscuro. No puede ver la pelota (¡ni el árbol con el que chocará!), y yo no puedo verlo por la ventana para mantenerlo a salvo. La luz nos ayuda a ver con claridad.

La luz nos brinda alegría. Mientras la pandemia de COVID-19 hacía estragos en Estados Unidos en 2020, las luces de Navidad se encendieron más temprano que nunca en los barrios de todo el país. Puede que las luces hayan llegado demasiado pronto para nuestros calendarios litúrgicos, pero trajeron un rayo de alegría cuando los días se acortan y anhelamos señales de buen ánimo.

La luz ayuda a las cosas a crecer. Como muchos de ustedes, soy jardinera. Vivo por los primeros signos de la primavera: los primeros capullos de los rosales, los zarcillos de la clemátide que se extienden hacia el enrejado, la primera hortensia azul gloriosa de la temporada. Estos milagros anuales no pueden ocurrir sin la luz y el calor del sol, más cercano a nosotros en verano con la inclinación de la tierra.

Jesús se llamó a sí mismo "luz del mundo". Él es la luz del día que da claridad a nuestros movimientos, el suave destello de esperanza en nuestros hogares y comunidades, la luz y el calor que dan vida a todas las cosas.

—AE

Meditación: Otra función de la luz es exponer lo que está oculto en la oscuridad. La luz que trae Jesús también puede revelar áreas de nuestra vida que necesitan conversión y perdón. Aunque prefiramos mantener ocultas algunas cosas, sabemos en el fondo que la luz de Jesús expone para sanar. ¿Dónde necesito experimentar la luz sanadora de Jesús?

Oración: Señor Jesús, tú eres la Luz del Mundo. Oriéntame a caminar por tus senderos. Trae la alegría a mi tristeza. Haz brillar sobre mí tus rayos de amor para ayudarme a crecer, y para traerme la curación y el perdón de mis pecados.

—TS

Levantado

Lecturas: Nm 21, 4-9; Jn 8, 21-30

Escritura:
"Cuando hayan levantado al Hijo del hombre . . ." (Jn 8, 28)

Reflexión: En la lectura del Evangelio de hoy, nos encontramos con un rasgo único de Juan, la *elevación* del Hijo del Hombre. En los Evangelios Sinópticos, Jesús ofrece tres predicciones de la pasión (refiriéndose a sí mismo como el Hijo del Hombre), mientras que en la versión de Juan habla tres veces de ser levantado (3, 14; 8, 28; 12, 32-34). De hecho, en el primer caso (3, 14), Jesús alude al acontecimiento descrito en la primera lectura de hoy: "Recuerden la serpiente que Moisés hizo levantar en el desierto: así también tiene que ser levantado el Hijo del Hombre . . .".

La comparación con Moisés sugiere que, al igual que los que sufrieron las mordeduras mortales de las serpientes serafines como castigo (por quejarse contra Dios) recibieron la curación mirando a la serpiente de bronce montada en un poste, nosotros recibimos el perdón y la curación del "aguijón" de nuestros pecados mediante la muerte de Jesús en la cruz.

Hay otra característica juanina que está en juego. A Juan le encantan las palabras que tienen más de un nivel de significado. El verbo traducido como "levantar" significa, literalmente, elevar algo espacialmente, como en la lectura de hoy: Jesús se refiere a ser levantado en la cruz. Sin embargo, el mismo verbo también significa "exaltar". La cruz es el primer paso para que Jesús resucite y sea exaltado en la gloria.

Como veremos el Viernes Santo, la cruz manifiesta todo el alcance del amor divino revelado a través de Jesús. Por eso, dice: "entonces conocerán que Yo Soy" (recuerda el nombre divino revelado a Moisés) en relación con su elevación. De hecho, el primer uso que hace Jesús de "levantar" va seguido de "¡Así amó Dios al mundo! Le dio al Hijo Único . . ." (3, 16).

La teología de Juan realmente nos eleva.

—*TS*

Meditación: La unión de la muerte y la exaltación en el Evangelio de Juan es una perspectiva que esparce luz en los momentos oscuros de nuestra vida y nos da una idea de lo que nos espera. Una vez que asumimos esta perspectiva, sabemos que la muerte nunca es *sólo muerte*; es *muerte-resurrección-exaltación*. Si estamos con Jesús en la cruz, también estaremos con él en la resurrección y en la gloria (Rom 6,8).

Oración: Señor Jesús, levántame contigo, para que pueda participar en tu muerte y en tu resurrección.

—*AE*

Sedrak, Mesak y Abednegó

Lecturas: Dn 3, 14-20. 49-50. 91-92. 95; Jn 8, 31-42

Escritura:
Dijo el rey Nabucodonosor: "¿Es cierto, Sedrak, Mesak y Abednegó, que no quieren servir a mis dioses, ni adorar la estatua de oro que he mandado levantar?" (Dan 3, 14)

Reflexión: La historia de Sedrak, Mesak y Abednegó siempre me recuerda la maravillosa canción que cantó Louis Armstrong sobre ellos. Aquella voz grave y aquella trompeta brillante dieron una interpretación única de esta antigua historia sobre cómo "los hijos de Israel no se inclinaron". Oh, no, cantó Louis, "¡no podrías engañarlos con un ídolo de oro!".

Sedrak, Mesak y Abednegó tenían tanta fe que no pidieron nada a Dios, incluso mientras eran arrojados al fuego. *Nos gustaría que nuestro Dios nos salvara,* le dijeron al rey Nabucodonosor, *pero si Dios no nos salva, no importa. Seguimos sin servir a* tu *dios. Seguimos sin adorar* tu *endeble ídolo de oro.*

La fe intrépida de Israel es un rico legado para todo cristiano. Desde Moisés hasta Judit y Malaquías, las páginas de las historias de Israel están repletas de fe: una fe que llena el tiempo hacia atrás y hacia delante, una fe que fluye como un río interminable.

La joya de la corona de la fe israelita es su carácter comunitario. Sedrak, Mesak y Abednegó no estaban solos, sino juntos. Y ante Nabucodonosor, representaban a todo Israel.

Louis Armstrong cantó que en el horno de fuego un ángel con alas blancas como la nieve predicó el "poder del evangelio" a Sedrak, Mesak y Abednegó. Sí, el Evangelio se encuentra como en casa en un horno de fuego, provocado por la fe de piedra. La buena noticia encuentra allí un terreno fértil que nos une de edad en edad.

Un vulgar ídolo de oro no es rival para el Dios de Israel ni para el evangelio de Jesucristo. Ni entonces ¡ni ahora!

—*AE*

Meditación: Nuestra fidelidad en tiempos de prueba es más preciosa que el oro refinado en el fuego (1 Pe 1, 7). Las pruebas y los "fuegos" nos llegan a todos, ya sea en forma de enfermedad, dificultades económicas, relaciones rotas, etc. Podemos estar seguros de que, cuando las llamas de esos incendios nos envuelven, no estamos solos. Aquel que protegió a los tres jóvenes también está a nuestro lado, para darnos fuerza y protección.

Oración: Señor, sálvame cuando esté en el fuego de la prueba. Fortalece mi fe y protégeme con el fuego de tu amor.

—*TS*

Aprender de Abraham

Lecturas: Gn 17, 3-9; Jn 8, 51-59

Escritura:
"Abraham, el padre de ustedes, se regocijaba con el pensamiento de verme; me vio y se alegró por ello" (Jn 8, 56)

Reflexión: La figura de Abraham ocupa un lugar destacado en las lecturas de hoy. En la primera lectura, Dios otorga el nombre de "Abraham" a Abram, marcando así un nuevo momento en su relación. Dios toma la iniciativa de establecer una alianza con Abraham, de noventa y nueve años y sin hijos. En el proceso, Dios hace una serie de estupendas promesas, entre ellas una innumerable descendencia y "toda la tierra de Canaán".

En la lectura del Evangelio, los interlocutores de Jesús emplean la figura de Abraham como patrón de grandeza. Lo hacen en respuesta a la afirmación de Jesús de que los que guardan su palabra no morirán nunca. Lo que Jesús quiere decir es que nunca morirán espiritualmente. Los líderes religiosos que lo desafían entienden que se refiere a la muerte física. Abraham, su venerado padre en la fe, murió en este sentido. ¿Quién es entonces Jesús para hacer tales afirmaciones?

Basándose en la tradición de que Dios reveló el futuro a Abraham (ver Gál 3,8), Jesús declara que Abraham previó su venida y se alegró. Además, Jesús, que como Verbo estaba con Dios desde el principio, insiste en que "antes de que Abraham existiera, YO SOY" (una vez más, Jesús se autoidentifica con el sagrado nombre divino).

Sin embargo, Abraham no sólo funciona para hacer puntos teológicos. Apostó toda su vida por las asombrosas promesas que Dios le hizo. Por medio de Jesús, Dios nos ha adoptado como hijos suyos, ha enviado al Espíritu para que habite en nosotros y nos ha prometido la vida eterna. Tenemos mucho que aprender de la respuesta de fe en Dios de Abraham.

Otra cosa que podemos aprender de Abraham es su generosa hospitalidad con los tres visitantes divinos (véase Gn 18, 1-15). Su gracia puede inspirarnos para acoger la venida de Dios a nosotros en la palabra, en los sacramentos y entre nosotros.

—*TS*

Meditación: Como creyentes, "apostamos toda nuestra vida" a las asombrosas promesas de Dios. Con cada respiración que hacemos, nos recordamos a nosotros mismos que nuestro Redentor vive, y estamos dispuestos a dar razón de nuestra esperanza (1 Pe 3, 15). ¿A qué promesa de Dios te aferras hoy? ¿Cómo se habla de esta promesa a un mundo que anhela un motivo de esperanza?

Oración: Dios de nuestros antepasados en la fe, tus antiguas promesas son nuevas para mí cada mañana. Como Abraham, me aferro a tus promesas; las respiro; las proclamo con mi vida.

—*AE*

¿Es Dios fiel?

Lecturas: Jer 20, 10-13; Jn 10, 31-42

Escritura:
. . . en mi angustia le grité a mi Dios;
desde su templo, él escuchó mi voz . . . (Salmo 17, 7; respuesta del salmo de hoy)

Reflexión: El biblista Walter Brueggemann ha dicho que toda la Biblia gira en torno a una sola pregunta: ¿es Dios fiel? El pueblo, los profetas, los héroes y los pecadores se lo preguntan. Nosotros también lo preguntamos.

Esta es una de las razones por las que la vida de Jesús es tan reveladora. En el Evangelio de hoy, una multitud de personas "cogieron piedras" para lanzárselas. La vida de Jesús se dirigía siempre hacia la cima de una colina, un tribunal religioso o un castigo romano.

Por supuesto, la vida de Jesús se dirigió siempre hacia donde se dirigen nuestras propias vidas: hacia la muerte. Y la perspectiva de la muerte nos impulsa naturalmente a preguntarnos si Dios es fiel. ¿Nos ha dado Dios todo, solo para pedirnos todo de vuelta? Hay muchas cosas que se desconocen; hay muchas cosas que son inciertas. La rendición casi nos aplasta.

Ante la dura realidad de la muerte de Lázaro, Jesús gimió en el fondo de su alma. Ante la perspectiva de su propia muerte, se sentía turbado, angustiado y agitado. El Evangelio de Mateo dice que en el huerto Jesús se arrojó sobre su rostro (26, 39). Y sin embargo, toda su vida declaró que *Dios es fiel*. Con cada palabra, cada exorcismo y cada curación, con cada comida ingerida en compañía de los pecadores, Jesús estaba decidido a compartir la íntima conexión con el Padre siempre fiel que definía su propia vida.

Nuestras propias vidas pueden recorrer un camino serpenteante, que entra y sale de la conciencia de la fidelidad de Dios. A veces estamos seguros; a veces no. Gemiremos como Jesús, nos turbaremos, nos tumbaremos boca abajo en la tierra del jardín. Pero al final, creo que nosotros también lo declararemos: *Dios es fiel*.

—AE

Meditación: ¿Cómo sabemos que Dios es y seguirá siendo fiel? Una breve meditación sobre la Trinidad puede ayudar. Dios nos amó tanto que envió a su único Hijo para nuestra salvación. El amor de Dios es tal que no nos retiene nada. Jesús no retuvo nada al revelar el amor de Dios, ofreciendo su vida por nosotros. Además, Dios envía el Espíritu, el vínculo eterno de amor entre el Padre y el Hijo, a nuestros corazones. Dios está comprometido con nosotros.

Oración: Dios fiel y amoroso, aumenta mi confianza en ti. Fortalece mi fe y profundiza mi compromiso de hacer tu voluntad.

—TS

Ironía juanina

Lecturas: Ez 37, 21-28; Jn 11, 45-56

Escritura:

". . . conviene que un solo hombre muera por el pueblo y no que toda la nación perezca" (Jn 11, 50)

Reflexión: El amor del evangelista Juan por la ironía se manifiesta de dos maneras en la lectura del Evangelio de hoy. La primera está relacionada con los "prodigios", como reconocen los miembros del Sanedrín (el consejo religioso y judicial supremo de los judíos): "Este hombre está haciendo muchos prodigios".

La más reciente es la resurrección de Lázaro de entre los muertos, cuyo relato precede inmediatamente a la lectura de hoy (11, 1-44). Jesús, que es "la resurrección y la vida", convoca a su amigo Lázaro —que ya lleva cuatro días en el sepulcro— para que vuelva a la vida. Pero no basta con que el corazón de Lázaro lata y sus pulmones respiren; aparece en la entrada de la tumba todavía atado con sus prendas funerarias. La orden de Jesús a los espectadores —"Desátenlo y déjenlo caminar"— ilustra algo que dijo en el discurso del Buen Pastor: "Yo he venido para que tengan vida y la tengan en abundancia" (10, 10).

Aunque este signo señala el poder divino de Jesús que da vida, los dirigentes religiosos lo consideran una amenaza para su poder y autoridad. Rápidamente deciden que debe morir. El hecho de que Jesús resucite a un hombre conduce a su propia condena a muerte. Es una ironía.

También lo son las palabras, citadas anteriormente, del sumo sacerdote Caifás. Su significado era pura conveniencia política (lamentablemente, la tendencia a responder con violencia a las amenazas percibidas al poder sigue vigente hoy en día). Sin embargo, el sumo sacerdote habló mucho más de lo que sabía. La muerte de Jesús *es* para la salvación del mundo. Su elevación "atraer[á] todo [hacia él]" (12, 32).

Ahora nos encontramos en la cúspide de la Semana Santa y de la celebración del Misterio Pascual, de la vida que Dios trae a través de la muerte y resurrección de Jesús.

—TS

Meditación: Mientras nos preparamos para entrar en los días más sagrados del año litúrgico, nos detenemos para hacer un balance de nuestra experiencia cuaresmal hasta ahora. Consideremos, uno por uno, los pilares cuaresmales: la oración, el ayuno y la limosna. ¿En cuál de estas áreas hemos sido más fieles? ¿Qué esfuerzos, qué silencio, qué servicio podemos intensificar en estos días?

Oración: Jesús, mantennos cerca de ti en los próximos días. Levanta lo que está muerto en nosotros. Háblanos de la resurrección y de la vida.

—AE

Entra en la historia

Lecturas: Lc 19, 28-40; Is 50, 4-7; Fil 2, 6-11; Lc 22, 14-23, 56 o 23, 1-49

Escritura:
Cuando ya estaba cerca la bajada del monte de los Olivos, la multitud de discípulos, entusiasmados, se pusieron a alabar a Dios a gritos por todos los prodigios que habían visto (Lc 19, 37)

Reflexión: Como madre de cuatro hijos, puedo decirte lo que ocurre con los ramos el Domingo de Ramos. Te golpean en la cara durante la misa, se caen en el sucio suelo de la iglesia y la gente los levanta, la gente se sienta sobre ellos; se los desgarra y dobla en forma de cruz (o se hacen numerosos intentos de hacerlo y se abandonan). Se pasan por la fila, se sostienen en el aire, se menean y se agitan, son agarrados por manos de todos los tamaños, de la más grande a la más pequeña.

Agitar las palmas el Domingo de Ramos es una antigua tradición. Lo hacemos como hacemos tantas cosas en la liturgia: con nuestros cuerpos, así como con nuestras mentes, corazones y voces. Sentimos la suavidad de la palma en nuestras manos, vemos sus líneas elegantes y su color verde pálido, sentimos el movimiento del aire al agitarla, vemos cuántos llenan la iglesia, sentimos la energía en la sala.

Con este día —con este movimiento y esta liturgia— pasamos a la danza, a la ceremonia de la Semana Santa. Cuando extendemos la mano y tomamos los ramos, nos comprometemos con una historia antigua y con nuestro papel en ella. Nos convertimos en la multitud.

Los fariseos se escandalizaban por los gritos, las alabanzas y la alegría de las multitudes que los acogían, todo por Jesús. Le dijeron a Jesús que hiciera callar a sus discípulos, que hiciera parar a la gente, mientras se acercaba al Monte de los Olivos. Pero Jesús no detuvo a la gente, y no nos detendrá a nosotros.

Sabemos lo que viene. Pero por hoy, por ahora, tomamos los ramos. Los pasamos por la fila. Colocamos uno en cada mano, de mayor a menor. Entramos en la historia.

—AE

Meditación: Hoy escuchamos dos lecturas del Evangelio: La entrada triunfal de Jesús en Jerusalén y el relato de la pasión. El pueblo que acoge con júbilo a Jesús grita, unos días después, "¡Crucifícalo!". Su inconstancia contrasta con la fidelidad de Jesús. Entra en la ciudad montado en una bestia de carga, no en un caballo de guerra. En la muerte, encarna lo que ha enseñado: amar y perdonar a sus enemigos; tender la mano con misericordia a los marginados (es decir, al criminal arrepentido); rezar con confianza a su Padre.

Oración: Señor Jesús, mientras sostengo mi ramo, ayúdame a recordar tu fidelidad y tu amor hasta la muerte.

—TS

Ungido

Lecturas: Is 42, 1-7; Jn 12, 1-11

Escritura:
"Déjala. Esto lo tenía guardado para el día de mi sepultura"
(Jn 12, 7)

Reflexión: Nos referimos tan fácilmente a Jesús como "Cristo"
que éste equivale a un apellido. Sin embargo, "Cristo" no es
un apellido, sino un título. Significa "Ungido", típicamente
traducido como "Mesías". Al principio de su ministerio, Jesús
interpreta la efusión del Espíritu en su bautismo como una
unción que le llevará a llevar la buena noticia a los pobres, la
vista a los ciegos y la libertad a los cautivos (Lucas 4, 14-21);
cf. Is 61, 1-2).

En el Evangelio de hoy, casi al final de su vida y de su
ministerio, Jesús recibe otra unción, de María de Betania. La
unción de María con el costoso óleo es un gesto extravagante
de amor hacia Jesús, que defiende su gesto, interpretándolo
como una unción funeraria anticipada. Es un Mesías, pero
cuya misión incluye el sufrimiento y la muerte.

La primera lectura, de Isaías, es el primero de los cuatro
cantos del "Siervo del Señor". Escucharemos los cuatro Cantos del Siervo durante la Semana Santa, que culminará el
Viernes Santo. Desde los primeros tiempos de la Iglesia (pro-
bablemente empezando por el propio Jesús), se ha entendido

que el Siervo descrito en estos cantos ilumina el ministerio de Jesús y, especialmente, su sufrimiento y muerte.

La lectura de hoy evoca mucho de lo que Jesús expuso al principio de su ministerio: abrir los ojos de los ciegos, sacar a los cautivos del calabozo. La canción también acentúa la no violencia y la dulzura del Siervo ("No gritará, no clamará . . . no romperá la caña resquebrajada"). La mansedumbre del Siervo no es debilidad, sino que es una expresión de poder, el poder del amor.

Algo para tener en cuenta a lo largo de la semana mientras contemplamos en oración a Jesús, el Mesías sufriente.

—TS

Meditación: María utilizó tanto aceite para ungir los pies de Jesús que " la casa se llenó con la fragancia del perfume". Su extravagancia era proporcional a su amor. ¿Cómo vamos a dar extravagantemente a Jesús? ¿Con qué acto de servicio mostraremos nuestro amor ilimitado esta Semana Santa?

Oración: Jesús, la presencia de tus amigos María, Marta y Lázaro fue un consuelo para ti cuando te acercabas al final de tu vida. Que seamos una presencia reconfortante para todos los que encontremos, y estemos dispuestos a aliviar su sufrimiento de cualquier manera que podamos.

—AE

Un momento interminable

Lecturas: Is 49, 1-6; Jn 13, 21-33. 36-38

Escritura:
Cuando Jesús estaba a la mesa con sus discípulos, se conmovió profundamente (Jn 13, 21a)

Reflexión: Pocas escenas en la Escritura son tan íntimas como la última cena de Jesús con sus discípulos. Los imaginamos en una habitación oscura, con velas parpadeando, en un espacio reducido y con voces tranquilas. Nos preguntamos qué pensaba y sentía cada uno.

Jesús había estado prediciendo su muerte, y ahora habla de traición y de irse. Seguramente había una intensidad acerca de él que los discípulos habrían detectado. El Evangelio de hoy nos dice que, sentado a la mesa con sus discípulos, Jesús se "conmovió profundamente".

Imaginar a Jesús atribulado es a la vez reconfortante e inquietante. Los evangelistas no nos protegen de las emociones de Jesús. Durante su ministerio, vemos ira, exasperación y dolor. Cuando la muerte se acerca, vemos el temor, la angustia y el espíritu turbado. Ni la vida ni la muerte son fáciles.

Los momentos en el Cenáculo fueron preciosos entre Jesús y sus amigos. Es cierto que los momentos estaban llenos de incomprensión, confusión e incluso traición. Y sin embargo, el vínculo de vivir y viajar juntos, de escuchar y aprender, de amarse unos a otros, también llenaba la sala. Me gusta pensar que el tiempo se suspendió durante esos momentos aparentemente interminables: comer juntos por última vez, rezar y cantar canciones antiguas, el murmullo silencioso de las conversaciones, el silencio instantáneo cuando Jesús habló.

¿Hemos tenido alguna vez un momento tan interminable con Jesús de Nazaret? ¿Hemos acallado nuestras propias almas para escuchar? ¿Entraremos en su angustia y permitiremos que nuestras propias emociones creen intimidad entre nosotros y Jesús cuando se acerque la cruz?

—AE

Meditación: La intimidad con Jesús también está señalada en la lectura del Evangelio por la referencia al discípulo "al que Jesús tanto amaba" apoyado contra su pecho. El discípulo amado nunca es nombrado en el Evangelio de Juan. Una de las razones es que sirve de modelo para *todos* los discípulos de Jesús. Así como Juan describe a Jesús en el Prólogo como si estuviera en el seno del Padre desde la eternidad (1:18), ahora emplea la misma palabra, *kolpos*, para describir el descanso del discípulo amado contra el pecho de Jesús. Cada uno de nosotros está invitado a esa intimidad con Aquel que nos lava tiernamente los pies y se nos ofrece como Pan de Vida.

Oración: Señor Jesús, acércame a ti. Ayúdame a vivir como tu discípulo amado.

—TS

13 de abril: Miércoles santo

Traición

Lecturas: Is 50, 4-9; Mt 26, 14-25

Escritura:

"Yo les aseguro que uno de ustedes va a entregarme" (Mt 26, 21)

Reflexión: Cuando era joven, recuerdo que me divertía oír referirse al Miércoles Santo como "miércoles del espía". Sonaba muy bien, lleno de intriga. Y hay intriga, ya que Judas consulta con los líderes religiosos sobre el precio a pagar. Pero la realidad es que la lectura del Evangelio de hoy trata de la traición, y eso no tiene nada de genial.

Jesús es traicionado por un íntimo, por uno al que eligió como apóstol, por uno que le había acompañado durante todo su ministerio de proclamación del reino de Dios. Es traicionado por alguien con quien había compartido el pan muchas veces; de hecho, en la lectura de hoy, Judas "moja su pan en el mismo plato que [Jesús]". Y, a medida que avanza la historia, Judas identificará a Jesús como el que va a ser arrestado ofreciéndole un beso, un gesto que torció groseramente su típica transmisión de paz.

El propósito aquí no es echar pestes de Judas, sino destacar lo terrible que es la traición. Lamentablemente, la traición es algo que experimentan muchas personas. Estos pueden consolarse sabiendo que tienen como Señor a uno que empatiza con ellos. Uno que, como declara el tercer Canto del Siervo de Isaías, sabe decir a los cansados una palabra que los anime.

La traición de Jesús fue el comienzo de muchos sufrimientos que soportó en su camino hacia la cruz. Al igual que el Siervo, fue capaz de resistir porque conocía la ayuda de Dios.

Al llegar al Triduo Pascual, tendremos ocasión de comprobar que, aunque la traición pone en marcha los acontecimientos salvadores que celebraremos, no tiene la última palabra. El amor y el poder de Dios para salvar a través de Jesús tienen la última palabra.

—*TS*

Meditación: Jesús ha experimentado el dolor de las relaciones tensas o rotas: la traición de Judas, la somnolencia de sus amigos en el huerto, su deserción en su arresto y muerte. Las relaciones humanas son desordenadas; Jesús no es ajeno a este hecho. Ofrece a Jesús una relación en tu vida que necesite ser sanada. Reza esta semana para que el amor reconciliador de la cruz tenga la última palabra.

Oración: Jesús, perdona mis traiciones, mi somnolencia y mi abandono. Sustituye mi debilidad por la fidelidad, para que incluso cuando duerma, mi corazón esté despierto contigo (Cantar 5, 2).

—*AE*

Todas las cosas convergen

Lecturas: Ex 12, 1-8. 11-14; 1 Cor 11, 23-26; Jn 13, 1-15

Escritura:
Lo mismo hizo con el cáliz después de cenar, diciendo:
"Este cáliz es la nueva alianza que se sella con mi sangre.
Hagan esto en memoria mía siempre que beban de él" (1 Cor
11, 25)

Reflexión: Se podría argumentar que todos los temas esenciales de la Biblia confluyen en el Jueves Santo, en esta noche santa que no se parece a ninguna otra, una noche en la que se creaba una nueva alianza y se rememoraba con profundo afecto una antigua. ¿Por dónde empezamos a entender lo que ocurrió esa noche?

La celebración anual de la Pascua, que debía hacerse "año tras año", ha sido durante incontables generaciones la gran "fiesta" del judaísmo (Ex 12, 14). Es una celebración de la liberación y el amor, una noche en la que Israel reclama un estatus especial: el pueblo liberado de Dios. El consumo del cordero asado y de las hierbas amargas, y la narración de la gran historia del éxodo, son un recuerdo vivo de un momento en el tiempo que declara para toda la eternidad que Dios cuida lo que ha hecho.

En su última comida con sus discípulos, tanto en la comida como en el servicio, Jesús perpetuó esta memoria viva y la llamó "nueva". Se celebraba una comida pascual con un nuevo simbolismo que no anulaba el antiguo, sino que se basaba en él. El Maestro lavó los pies de sus discípulos, otro símbolo vivo que hablaba profundamente de la propia entrega de Dios, de la condescendencia voluntaria de Dios, del profundo amor de Dios por lo pequeño y lo humilde.

La alianza, las comidas, el servicio, la humildad, el amor que no toma en cuenta el coste, todo lo sagrado converge en el Jueves Santo. Con todo el mundo creado —pasado, presente y futuro— alegrémonos en esta noche santa de que Dios cuide lo que ha hecho.

—AE

Meditación: Entre otras cosas, la Misa del Jueves Santo celebra el don de la Eucaristía —el Cuerpo partido y la Sangre derramada de Jesús— a la Iglesia. Curiosamente, el relato evangélico que leemos esta noche es el único que se centra en *otra* acción de la Última Cena, el lavado de pies de Jesús a sus discípulos. Así, la liturgia enseña que un pueblo eucarístico debe caracterizarse por su servicio amoroso a los demás.

Oración: Señor Jesús, te doy las gracias por el precioso don de tu Cuerpo y Sangre en la Eucaristía. Que me inspire y me faculte para ofrecer amor para lavar los pies a mis hermanos y hermanas.

—TS

15 de abril: Viernes de la Pasión del Señor (Viernes santo)

Amor perfeccionado

Lecturas: Is 52, 13–53, 12; Heb 4, 14-16; 5, 7-9; Jn 18, 1–19, 42

Escritura:
"Todo está cumplido", e inclinando la cabeza, entregó el espíritu (Jn 19, 30)

Reflexión: Mi mentor y amigo, el difunto Daniel J. Harrington, SJ, solía comentar que la liturgia del Viernes Santo era su favorita. También es la mía. Qué privilegio ver las caras de la gente mientras veneran la cruz. Esos rostros reflejan un sinfín de emociones y sentimientos: dolor y sufrimiento, por un lado; gratitud y tierno amor por el otro.

Como estudiosos de la Sagrada Escritura, creo que la predisposición de Dan y la mía hacia el Viernes Santo se debe a que la Liturgia de la Palabra es muy destacada. Y qué riqueza para contemplar: el cuarto Canto del Siervo de Isaías; la imagen de Jesús como sumo sacerdote que se compadece de nuestras debilidades; y la pasión según Juan.

Centrémonos en las últimas palabras de Jesús. Primero, él mira desde la cruz a su madre y al discípulo amado. Incluso en su tormento, Jesús ofrece consuelo y provee a su madre. Sus palabras a ambas figuras simbolizan la familia de la fe que ha creado, la familia de la Iglesia que se nutrirá de los sacramentos, significados por la efusión de agua y sangre de su costado traspasado. A continuación, Jesús grita: "Tengo sed". Sed física, ciertamente. Pero aún más, su sed de que recibamos su oferta de amor.

Es esa oferta de amor la que se refleja en las últimas palabras de Jesús: "Todo está cumplido". El verbo griego connota aquí algo más que un final; significa llevar algo a su realización, incluso a la perfección. Jesús vino a revelar el amor de Dios. La cruz, en la que Jesús abre de par en par sus brazos, es la que expresa más plenamente la magnitud de su amor por nosotros.

No es de extrañar que la gente sea tan reverente al venerar la cruz.

—TS

Meditación: Dedica hoy un tiempo a la oración ante una cruz, en la iglesia, en casa o incluso fuera de ella. Medita las palabras de Jesús: "Tengo sed". Jesús experimentaba la insoportable incomodidad de un hombre que moría de forma violenta y el profundo anhelo espiritual de una conexión con cada uno de nosotros. Tu presencia, tu tiempo con Cristo crucificado, es una respuesta a su sed.

Oración: Jesús, al venerar hoy tu cruz, imagino tus brazos extendidos, signo de tu gran amor por mí y por todos los hombres. Te has entregado por completo, perfectamente. Todo está cumplido.

—AE

Viaje a la tumba

Lecturas: Vigilia Pascual: Gn 1, 1–2, 2 o 1, 1. 26-31a; Gn 22, 1-18 o 22, 1–2. 9a. 10-13. 15-18; Ex 14, 15–15, 1; Is 54, 5-14; Is 55, 1-11; Bar 3, 9-15. 32–4, 4; Ez 36, 16-17a. 18-28; Rom 6, 3-11; Lc 24, 1-12

Escritura:
El primer día después del sábado, muy de mañana, llegaron las mujeres al sepulcro, llevando los perfumes que habían preparado (Lc 24, 1)

Reflexión: Nuestro viaje cuaresmal nos ha traído hasta aquí, a este momento tranquilo del "ya pero todavía no". Es un lugar en el que nos sentimos extrañamente cómodos y, sin embargo, perpetuamente incómodos. Cómodos porque estamos muy acostumbrados a vivir "en el medio". Incómodos porque queremos llegar por fin.

La vigilia de esta noche, con su letanía de lecturas antiguas, comienza con el espíritu de Dios moviéndose sobre la superficie de las aguas. Con esa primera orden de Dios de que la luz se esparciera por nuestro mundo, comenzó un drama de relación, alianza y redención. Ese drama se desarrolla en nuestra vida cotidiana, en las capillas y las iglesias, y aún más en las cocinas y los cubículos.

La última lectura de la vigilia de esta noche es el Evangelio, que comienza, convenientemente, con una referencia al "muy de mañana". Vamos de luz en luz, buscando la gloria de Cristo resucitado.

Las mujeres acuden al sepulcro esperando encontrar un cadáver, y se disponen a prepararlo para el entierro. Pero el cuerpo no está ahí. Pedro, corriendo hacia la tumba, también parece esperar un cuerpo: al agacharse y mirar en el interior, ve por sí mismo el vacío de la tumba, los paños funerarios desechados.

El Sábado Santo es un día en el que aceptamos e incluso celebramos la realidad "en el medio" de nuestras vidas. *Sabemos* que ha resucitado. ¡*Hemos visto* su gloria! Y, sin embargo, seguimos acudiendo a la tumba una y otra vez, preparados para algo diferente —por si acaso—, necesitando verlo por nosotros mismos.

Esta es la tumba vacía, donde el Espíritu de Dios se cierne, donde la luz ha irrumpido. Nuestro viaje nos ha traído hasta aquí. Hemos llegado. —*AE*

Meditación: La Vigilia Pascual es la cumbre de las celebraciones litúrgicas. Además de la sucesión de las lecturas de la Escritura, experimentamos el encendido del fuego pascual, el repiqueteo de las campanas y el canto alegre del Aleluya, la proclamación del Exsultet y la celebración de los sacramentos de iniciación al acoger a los nuevos miembros en nuestras comunidades. Todo para celebrar la victoria de Cristo sobre la tumba. ¿Cómo he experimentado la nueva vida en las celebraciones de la Pascua?

Oración: Dios de la vida, abre nuestros corazones a la novedad de la vida que celebramos. Gracias por guiarnos en nuestro camino de Cuaresma. Ayúdanos a dar testimonio con nuestra alegría de la resurrección de tu Hijo. —*TS*

Más que un día

Lecturas: Hch 10, 34a. 37-43; Col 3, 1-4 o 1 Cor 5, 6b-8; Jn 20, 1-9

Escritura:
"Dios lo resucitó al tercer día . . ." (Hch 10, 40)

Reflexión: Es domingo de Pascua. Confieso, sin embargo, una perplejidad que solía tener en la misa matutina de este día. La lectura del Evangelio parece un poco apagada. María de Magdala descubre que la tumba está vacía y corre a contárselo a Simón Pedro y al discípulo amado, que confirman su descubrimiento.

Sin embargo, observa que no hay ninguna aparición de Jesús resucitado. Ni ningún anuncio de los ángeles en la tumba de que Jesús ha resucitado de entre los muertos. El versículo final afirma incluso que los discípulos "hasta entonces no habían entendido las Escrituras, según las cuales Jesús debía resucitar de entre los muertos". Es el domingo de Pascua, caramba. ¿Por qué no más fuegos artificiales?

Está el detalle de que Pedro vio los paños funerarios, con el sudario que cubría la cabeza de Jesús enrollado en un lugar aparte. ¡Un detalle muy significativo! Es la forma que tiene Juan de sugerir, incluso en este primer momento de la historia, que algo maravilloso está en marcha. Jesús ha dejado a un lado las telas del sueño de la muerte, doblándolas como un pijama, y ha dejado la tumba para siempre.

Lo que he llegado a apreciar es que los misterios de la Pascua —la reivindicación por parte de Dios de todo lo que Jesús enseñó e hizo; la victoria de la vida sobre la muerte; la superación del pecado por la gracia— son tan maravillosos que un día no puede hacerles justicia. De hecho, el "Día" de Pascua es una octava de ocho días en la liturgia de la Iglesia. Tenemos toda esta semana para escuchar los relatos de las apariciones de Jesús resucitado a sus seguidores. Además, tenemos cincuenta días para celebrar con alegría la Pascua, que culmina con la fiesta de Pentecostés, la efusión del Espíritu de vida de Dios.

El Señor resucitó; "¡verdaderamente resucitó!".

—TS

Meditación: La tumba vacía es un símbolo profundo de la fe cristiana. El vacío es su propio pregón pascual: ¡aquí no hay muerte! Podemos anhelar ese encuentro con el Resucitado, pero no es necesario. No necesitamos pruebas, *creemos*. La tumba de Cristo no es el final oscuro, sino el comienzo lleno de luz.

Oración: Señor Jesucristo, el Resucitado, te ofrecemos cada pensamiento de nuestras mentes, cada paso de nuestros pies, cada acción amorosa de nuestras manos y cada oración que hemos pronunciado en este camino de Cuaresma. Mientras estamos en el vacío de esta maravillosa tumba, llénanos de tu luz y de tu amor mientras proclamamos tu resurrección desde el centro de nuestro ser: ¡Aleluya! ¡Aleluya! ¡Aleluya!

—AE

Referencias

7 de marzo: Lunes de la primera semana de Cuaresma
San Juan de la Cruz, Dichos 64. También citado en el Catecismo de la Iglesia Católica 1022.

11 de marzo: Viernes de la primera semana de Cuaresma
C.S. Lewis, *The Problem of Pain* [*El problema del dolor*] (Nueva York: Harper One, 1996), 31–32.

2 de abril: Sábado de la cuarta semana de Cuaresma
Editado por Rev. Loren Gavitt, *Saint Augustine's Prayer Book: A Book of Devotion for Members of the Episcopal Church* [*Libro de oraciones de San Agustín: Un libro de devoción para los miembros de la Iglesia Episcopaliana*], edición revisada (West Park, NY: Holy Cross Publications, 1990).

8 de abril: Viernes de la quinta semana de Cuaresma
"No se trata de obedecer a la Biblia: 8 preguntas para Walter Brueggemann", entrevista con Marlena Graves (9 de enero de 2015), http://marginalchristianity.blogspot.com/2015/01/its-not-matter-of-obeying-bible-8.html.

REFLEXIONES ESTACIONALES AHORA DISPONIBLES EN INGLÉS Y ESPAÑOL

LENT / CUARESMA

Not By Bread Alone: Daily Reflections for Lent 2022
Amy Ekeh and Thomas D. Stegman, SJ

No sólo de pan: Reflexiones diarias para Cuaresma 2022
*Amy Ekeh and Thomas D. Stegman, SJ;
translated by Luis Baudry-Simón*

EASTER / PASCUA

**Rejoice and Be Glad:
Daily Reflections for Easter to Pentecost 2022**
Susan H. Swetnam

**Alégrense y regocíjense:
Reflexiones diarias de Pascua a Pentecostés 2022**
Susan H. Swetnam; translated by Luis Baudry-Simón

ADVENT / ADVIENTO

**Waiting in Joyful Hope:
Daily Reflections for Advent and Christmas 2022–2023**
Mary DeTurris Poust

**Esperando con alegre esperanza:
Reflexiones diarias para Adviento y Navidad 2022–2023**
Mary DeTurris Poust; translated by Luis Baudry-Simón

Standard, large-print, and eBook editions available. Call 800-858-5450 or visit www.litpress.org for more information and special bulk pricing discounts.

Ediciones estándar, de letra grande y de libro electrónico disponibles. Llame al 800-858-5450 o visite www.litpress.org para obtener más información y descuentos especiales de precios al por mayor.